基于核心素养的
初中数学教学研究

陈长明 著

吉林大学出版社

·长春·

图书在版编目（CIP）数据

基于核心素养的初中数学教学研究 / 陈长明著. --
长春：吉林大学出版社，2023.6
ISBN 978-7-5768-1793-5

Ⅰ. ①基… Ⅱ. ①陈… Ⅲ. ①中学数学课－教学研究
－初中 Ⅳ. ① G633.602

中国国家版本馆 CIP 数据核字（2023）第 110194 号

书　　名　基于核心素养的初中数学教学研究
　　　　　JIYU HEXIN SUYANG DE CHUZHONG SHUXUE JIAOXUE YANJIU

作　　者　陈长明
策划编辑　赵黎黎
责任编辑　赵黎黎
责任校对　柳　燕
装帧设计　肖本亮
出版发行　吉林大学出版社
社　　址　长春市人民大街 4059 号
邮政编码　130021
发行电话　0431-89580028/29/21
网　　址　http://www.jlup.com.cn
电子邮箱　jldxcbs@sina.com
印　　刷　武汉鑫佳捷印务有限公司
开　　本　787mm×1092mm　　1/16
印　　张　12.5
字　　数　185 千字
版　　次　2023 年 6 月　第 1 版
印　　次　2023 年 6 月　第 1 次
书　　号　ISBN 978-7-5768-1793-5
定　　价　88.00 元

前言

随着教育改革的不断深入，素质教育成为当前新型的教学理念，推动着数学教学方法以及教学模式的改变，并且对学生提出了越来越高的要求。初中数学是提升学生认识世界能力的重要学科，是发展学生学科素养的重要课程。在初中数学教学中，教师要转变教育教学观念以及新的教学理念，对数学课堂教学具有较高的要求，而学生发展核心素养，是学生未来发展所需要的关键能力和必备品格。因此，教师在进行知识传授的同时，还要加强对学生核心素质的培养，要激发学生学习数学的兴趣，培养学生的数学素养和综合能力，打造有效的数学课堂教学。

鉴于此，笔者撰写了《基于核心素养的初中数学教学研究》一书，在内容编排上共设置六章：第一章作为本书论述的基础和前提，主要阐释核心素养的内涵与理论依据、初中数学教学原理与课程性质、初中数学核心素养与数学思维；第二章是核心素养下初中数学的课堂教学，内容涵盖初中数学课堂教学的有效性、初中数学教学的课堂技能分析、核心素养下初中数学高效课堂构建；第三、四、五章论述核心素养下初中数学的教学模式、核心素养下初中数学教学的学习策略以及核心素养下初中数学教学中的能力培养；第六章突出实践性，对核心素养下初中数学概念教学、核心素养下初中数学错题的管理实践、核心素养下初中数学发展性作业的优化、核心素养下初中数学文化教学实践进行研究。

全书结构科学、论述清晰，力求达到理论与实践相结合，让读者在学习基本方法和理论的同时，注重感悟数学的思维、理念和精神，以达到提高能力、提升素质的目的。

　　本书的撰写得到了许多专家学者的帮助和指导，在此表示诚挚的谢意。由于作者水平有限，加之时间仓促，书中所涉及的内容难免有疏漏与不够严谨之处，希望各位同行、专家、老师多提宝贵意见，以待进一步修改，使之更加完善。

陈长明

2022.8

目录

第一章　基于核心素养的初中数学教学理论

随着全面深化课程改革的推行，核心素养已成为教育理论和实践界探讨的重点课题。数学核心素养是数学课程目标的集中体现，在数学课程教学中不仅要关注学生对知识的理解和掌握，还要重视学生数学核心素养的培养。本章重点探讨核心素养的概念与理论依据、初中数学教学原理与课程性质、初中数学核心素养与数学思维。

第一节　核心素养的内涵与理论依据

一、核心素养的内涵界定

"核心素养"是在时代与科技变革、经济与社会发展及教育自身的发展驱动下产生的。现代社会给现代人提出了各种各样的素养，如语言素养、学习素养、信息素养、科学素养、人文素养、健康素养、实践素养等。素养是在天赋的基础上，持续生命历程的人性、能力、品质的发展，是可以不断生成并扩张的，以动态的网络化的方式存在的，那么各种素养则是素养体系的网络节点。核心，即中心，是事物之间关系的主要部分。

"培养学生核心素养是我国教育改革进入纵深阶段的标志之一，更是学校落实立德树人根本任务的具体体现"[①]。从字面来看，核心素养即为众多素养中最中心、最基础、最关键的素养。由此可见，核心素养则是素养网络中最关键的节点，联通了素养网络中的其他节点，主要有两个不同观点：第一，核心素养是人适应信息时代和知识社会的需要，解决复杂问题和适应不可以测情境的高级能力与人性能力；第二，核心素养是学生在接受相应学段的教育过程中，逐渐形成的适应个人终身发展和社会发展需要的必备品格与关键能力。由此可见，核心素养的定义揭示了"核心素养"这个概念提出的时代背景，并且特别强调了复杂问题和不可预测情境。

综上所述，关于核心素养我们必须认识到：首先，核心素养是在先天潜能真赋的基础上，通过接受教育等受后天环境的影响逐渐得以形成和发展；其次，核心素养既要适应个人终身发展的需求又要满足社会发展的需要，同时具有个人价值和社会价值，是众多素养中的关键素养，具有基础性、关键性、连通性等特征；最后，核心素养是必备品格与关键能力。品格，体现了人的基本素质，是个人生命的品质和价值，体现了个人整体的精神境界和高度；而关键能力是面向不同岗位、不同情境都能能动的、富有创造性的分析、判断、决策并行动的能力。

（一）核心素养的原则

1. 系统设计原则

在素质教育不断推进的时代背景下，核心素养的培养成为当前人才培养的一个重要方向，指导着学校教育教学的改革。学科核心素养贯穿于学科教学的始终，是核心素养培养的关键。学科核心素养培养的内容与学科内容以及学科目标有着直接的关系，学科不同，其核心素养也不同，但是任何学科的核心素养的培养，其方向一致，即聚焦学科最核心的知识、方法、思维。

"教学活动是在特定场所进行知识、经验传授与学习的双边活动"教学活动是一项系统的过程，从课程标准到学科知识的教学都需要以学科特点为基础，同时兼顾学科知识，通过由浅入深、逐步深化来编排。学科核心素养对于学科教学有着重要的指导意义。因而，从核心素养层面进行教学设计是现代教学设

---

① 黄明俊，孙南南，张美茹．核心素养校本化表达的必要性及指导原则与实施策略[J]．长春教育学院学报，2022，38（4）：34．

计发展的必然趋势,需要立足于核心素养,进行课程知识的分析、学科内容的理解,在核心素养理念意识的指导下,进行系统的教学内容的分析,将核心素养的培养渗透于教学,并强化其地位,使核心素养的培养在教学环节中得到落实。

核心素养的培养,不是一蹴而就的效应,对核心素养的培养往往需要经过学期或者学年的培养来建构,甚至有的学科核心素养还需要跨阶段来实现,这就意味着核心素养的培养,离不开科学内容的系统设计,促使核心素养的培养有计划、有步骤。首先需要在核心素养理念的指导下分析学科课程,确定以核心素养的培养为基础的课程主题。进而,围绕这一主题,分析课程章节主题,进而进行逐一教学,这是一条从宏观到微观进行学科核心素养培养的系统化设计路线。其次,有针对性地对核心素养所集中的课程内容进行全面分析与系统设计,包括知识内容的分析、教学目标的设定、教学过程的设计等,这些都要围绕核心素养的培养理念。

2. 课时积累原则

核心素养的培养离不开学科的教学过程,它贯穿于教学活动的每一个环节及每一个阶段,是一个系统化的过程。而学校教育的每一个阶段又包含着一系列课程,课程的教学是通过特定课时的累积而完成的,因而,基于核心素养培养的特点,它的形成也应体现课时累积的原则。如果将核心素养的构建视为一座大厦,课时便是建成大厦的砖瓦,只有不断累积,在每一课时中都强化核心素养的培养,当达到一定的程度时,才能看到成效,核心素养的体系才能被成功构建。

(二)核心素养与学科课程教学的联系

从核心素养的内涵可以看出,核心素养所涵盖的内容是多方面的,是核心知识、核心能力,乃至核心品质的综合性概括,虽然这三者是构成核心素养不可或缺的元素,但核心素养的形成并不是这三者的简单相加。在学校教育中,需要教师在备课时,基于素养的培养,给予教学准确的定位,并从素养提升的高度,组织和设计教学活动。由此可以看出。核心素养与学科教学有着极为紧密的联系。

1. 核心素养指导、引领学科课程教学

核心素养对于学科课程教学的指导、引领和辐射作用。一般而言,任何知识结构,都具有两个层次:表层和深层。表层结构的知识,所体现的是表层意义，即语言文字符号所直接表述的学科内容（概念、命题、理论等）；与之相对的便是知识结构的深层意义，即蕴含在学科知识内容和意义之中或背后的精神、价值、方法论、生活意义（文化意义）等。表层结构（意义）以知识的显性、逻辑性（系统的）为基本的存在方式；深层结构（意义）则以隐性的、渗透的（分散的）知识而存在，是学生素养形成和发展的根本（决定性的东西）。所以，核心素养对教学具有引领作用，以育人为学校教育的价值取向，确保学科教学为促进人的全面发展而服务。

2. 学科课程教学利于核心素养的培养

长期以来，我国学科教学的目的始终以学生对知识的理解和掌握为主，然而随着社会的发展以及人们认识水平的提升，人们对教育有了新的认识。任何学科的教学都不能仅仅是为了获得知识和技能，而更重要的应该是深层次的，包括关注学生的思想意识、精神追求、思维能力及生活方法等，加强教育对这些方面的倾斜，这就要求学科教学应具有文化意义、思维意义、价值意义，而这些无不以人为出发点，体现着对人的尊重，这样的教学被予以人的意义。

基于此，教育功能的发挥对于核心素养的形成与提升有着重要影响，即核心素养的达成依赖学科育人功能的发挥。就内容而言，知识、技能和态度等是核心素养的综合表现，而这些要素可通过科学课程得以实现，现代教育理念，强调教学中对过程与方法、知识与能力，以及情感态度及价值观的培养，从这一方面来看，学科课程教学过程有助于实现核心素养的提升。因此在学科课程教学中，自觉地树立核心素养的意识，将其与教学活动有机融合，从而达到培养学生核心素养的目的。因此，"培育学生核心素养已成为当今国际教育改革与发展的趋势"[1]。

3. 核心素养培养有利于学科综合形成

对于我国现代化教育改革而言，其目的是培养适应社会要求的全面发展的人才。核心素养，对人的要求不仅是知识上的，还包括能力与技能乃至态度及精神方面，其范畴超越了行为主义层面的能力，体现了全人教育的理念。

---

① 刘国飞，张莹，冯虹. 核心素养研究述评[J]. 教育导刊（上半月），2016（3）：5.

尽管现代化教育理念早已深入人心，但在实际教学中，却仍存在各学科各行其是的现象。不同学科教学，都过于重视学科知识和技能的传授，对于教学的其他目标，如情感态度、方法等，虽也有涉及，对其重视程度远低于知识与技能的学习。与此同时，各学科的教学还存在一些共同点，如在构成核心素养的众多元素中，语言素养是不容忽视的一部分，是沟通交流能力的基础。语言素养存在于不同学科教学中，是各学科的共同素养，而非语文学科所专属。

基于以上观点，可见，核心素养没有学科的界限，在核心素养体系的引导下，各学科相互促进，有助于各学科教学实现统筹统整，为学生综合能力的提升奠定了基础。

（三）核心素养的特性

1. 核心素养的多元维度特性

多元维度的特性指的是核心素养具有多元性，这一说法是以后现代社会多元性哲学理论为基础的，也就是说，每一项核心素养都是多样的，都包括知识、能力、态度等多个层面，素养是多层面整合而成的，是多元维度的整体组合。

对于核心素养而言，一方面，可以认为它是一种知识、技能和态度的复合；但另一方面，当多层面形成一个整体后，这个整体的水平高于部分之和。素养所展现出的，是行动主体在知识、能力和态度等方面的整个体系，而不只是单一的某一部分。并且，个体所面对的情境或任务是复杂的，这时候个体内部认知、情感、技能等的运作与外部环境或者任务紧密相连，而不是独立于外部环境之外。

核心素养，顾名思义，是主体具有的素养中最为重要的。一方面，核心素养能够帮助人类获得优质的生活；另一方面，核心素养还能够帮助人类面对来自社会的各种挑战。后现代社会多元性哲学理论指出，自我实现的成就、深层人际关系、享受欢乐等优质生活的主要价值系统，可以为优质生活所需的适应复杂需求的核心素养进行定义。

2. 核心素养的多元场域特性

多元场域的特性可以被学习迁移并运用到许多不同的社会情境与学习领域之中。例如，沟通互动、自主行动、社会参与等维度的核心素养不只是一个名词，还是一个动词，既是现在进行时，也是将来时，可跨越社会各场域、学习各领域，具备适应后现代社会的多元、弹性与包容的特性，能够适应不同教育阶段的发展，展现出终身学习者的多样学习维度，更显示了核心素养的动态历程，说明学生终身学习能前瞻性地适应未来社会的生活需要，并使各种组织发挥其社会组织功能。

（1）从社会学观点出发

从社会学角度来看，核心素养是行动主体所进行的一系列行动，该行动产生于生活环境与脉络情境之中，是主体能动性的智慧表现。核心素养涉及主体能动者的多个维度，包括知识、能力与态度等，同时还结合个体内部的认知、技能与情意等行动先决条件，通过行动进行反思与学习，是个体展现主体能动者的负责任的行动。

教育最主要的功能是将个体社会化，使个人能够融入社会中，在社会中发展自我的观念与行为，通过不断地学习社会生活方式立足社会并积极履行社会角色。在个体社会化的过程中，具有核心素养至关重要，核心素养能够帮助个体充分发挥潜在能力，不仅能够从事社会活动，还能够与社会进行积极而有意义的互动。因此，人们更重视分析情境的核心素养、人际关系方面的核心素养、合作与分享的核心素养及化解矛盾冲突的核心素养等。

需要强调的是，每个人所处的社会情境是不同的，而所在环境中一切的人、事、物给个人带来的问题与挑战也不同，因此，必须根据个人所处的环境对素养进行具体定义，定义可以包括个人所处的环境及个人所采取的行动等。正是因为个人所处的社会环境不同，因此素养的前提就不同，但也正是这些不同使得核心素养可以协助个体适应多种多样、复杂多变的环境，并帮助个体调整行动，以满足不同情境领域的不同需求与挑战。

综上所述，素养的模式适合各种多元的社会环境、脉络情境的各种需要，有助于个人成功地适应社会情境的需求，而且更彰显了素养的模式是一种社会行动的转型模式。

（2）从核心素养广度出发

就核心素养的广度而言，核心素养具有跨越各种社会场域与学习领域的广度，不仅是具备多元维度的综合整体与多元功能，更能跨越生活的各种不同的多元社会场域边界，并跨越各级学校的主要学习领域课程科目内容及重要的新兴议题。核心素养并不特别限定于某个场域，而是跨越所有的社会场域。核心素养是对每一个人都非常重要而关键的知识、能力与态度等行动的先决条件，能够协助个人有效参与学校教育、各行业市场、社会团体以及家庭生活。

换言之，核心素养的场域普及广，并不限于学校，家庭、职场、组织及社会均应担负起培育责任。在此过程之中，学校与成人社会教育机构均很重要。需要注意的是，核心素养的相对重要性可能会因其所适用的环境、脉络情境的不同而有所差异。其适应特定生活场域文化的、情境与其他环境脉络因素所塑造出来的需求的特定性与相对的权重，可以运用多维度空间的方式来加以分析。

3. 核心素养的高阶复杂特性

核心素养的内部具有高阶复杂的特性，它的内涵比一般的能力更复杂、深邃，它涉及的内容很多，包括内在动机、自我概念、认知、技能、态度和价值等，还包括认知的技能或心智慧力与非认知的技能与情意。核心素养认知的技能或心智慧力包括分析或批判、做决定、解决问题等技能，同时还包括结合以认知为依据的内部情境的社会心智运作机制，激发个体行动的动机、情绪、态度和价值等，核心素养能够激发主体的行动积极性及成就动机，从而提升行动效率和行动质量。在核心素养中，反思和学习具有重要的作用，它能够帮助个体不断成长，使个体生活更加优质，更能够适应健全的社会。

核心素养一方面可以帮助个体适应具体的环境与脉络情境的需求，另一方面还可以帮助个体发展反思力。这种反思力具有高阶心智的复杂性，它所涉及的心智过程十分深邃、复杂，是核心素养中的核心，可以看作是一种"元素养"，它要求个体从主体转变为客体进行思考，也就是一个学习"如何学习"的过程。核心素养越高的个体越强调这种反思力，因为，核心素养能够帮助个体做到自律、主动学习和积极反思，能够帮助个体进行自我反省，同时还能够帮助个体在社会化的过程中准确找到个人定位，实现自我价值。

核心素养与两种理念关系密切：①核心素养不仅可协助人类获得优质生活；②核心素养更可协助人类面对当前社会及未来的生活情境的挑战。重视人在生活情境之中的行动与互动，强调自我精进的行动、社会发展的互动以及互动地使用工具沟通，这是个人处于社会中的关键素养。其中所涉及的自主行动、沟通互动、社会参与等关键而必要的素养，可以通过个人积极主动的行动，并与情境进行互动而不断地获得，更反映以人为主体并能积极主动与环境中的人、事、物进行情境互动的路径。

要根据情境变化调整方向，强调人与时间、空间的互动与生命对话，这是优质生活所需的必要的素养也是现代学生的必备条件，更是社会发展所不可或缺的重要素养；是适应人类优质生活所需的核心素养，而不只是一般的基本生活所需的素养。一般基本生活所需的素养是能自己行动，能与他人互动，能使用工具。但是优质生活所需的复杂心智的核心素养，就不只是能自己行动，而是要采取反省思考、勇于负责与积极主动的自律自主行动，亦即自主行动；也不只是能使用工具而已，而是能互动地使用工具；进行沟通互动，不只是能与他人互动，而是要能与异质社群互动，积极进行社会参与。

核心素养涉及个人内部情境的社会心智运作机制的认知、技能以及情意价值、动机等反思与学习的高阶心智复杂性，以响应外部情境复杂需求下的任务行动。此种涉及个人反省思考及行动与学习的高阶心智复杂性的反思力可以协助个人：①在面对复杂多变的脉络情境时，能跳脱出对以往学校所学的依赖；②从经验中进行学习，而不会让个人的行动受限于具有排他性的思考以及所处社群的期许；③对自己的所思、所想、所感负起责任；④能形成复杂的价值体系，以兼容并蓄各种可能相互矛盾的价值观。

核心素养涉及高层次的心智复杂机制，核心素养不只是记忆可以累积的知识、抽象思考与社会化而已，这些已不足以适应当代社会生活的复杂需要的挑战，当代变迁社会的情境，所需要的核心素养具有更高水平的心智复杂性，也是一种有秩序、自律自主的心智复杂机制，这合乎复杂科学/系统理论的复杂思维，特别是系统思维强调整体与部分、系统与环境之间的辩证或复杂关联性，部分与整体相生相续、相辅相成，这种心理秩序的复杂性，是一种重要的反省思考及行动与主动学习的整体生活方式，有助于个人从经验当中进行反省思考及行动与主动学习，扮演反思的实践者。反省思考及行动与主动学习，是一种将主体当成客体的思考复杂转化的个人内部的社会心智运作机制历程，将所知的要素转化成为可以反省思考、可以端详、可以处理、可以推论其关系、可加以掌控、可以内化、可以同化、可以运作的对象，主体则是认同体、连体、合体之所在。换言之，个人若能通过反思与学习获得核心素养，其重要的结果便是更具有责任心，更能掌握自己，并进行更高水平的反省思考及行动与主动学习。

核心素养的特质，便是个人在道德和智慧思想上的成熟，个人能够担负起自我反省思考及行动和学习的责任。此种反省思考及行动必须运用元认知技能、创造力以及批判能力，这不仅涉及个人如何进行思考，也包括个人如何建构其思想、感受以及社会关系的整体生活经验，要求个人到达一种更为成熟的境界。特别是反省思考及行动与学习具有高层次的心智复杂性，并不是一种较高级的学历水平，而是一种批判思考与反省思考的整体发展，也是生活中正式与非正式的知识、能力、态度、情意及经验的累积的总和。因此，这不只是一个认知或心智的问题，而是一个涵盖适当动机、伦理的要素、社会的要素、行动的要素以及认知的要素与心智的要素等的复杂行动体系的问题。

很多人都是到达成年之后，才能发展出较高水平的心智复杂性，这是建立在人类发展演化、进化与长期教育的成果之上的，个人才能将更高级水平的心智复杂性融入其思考与行动当中。因此，反省思考及行动与学习，此种较高水平的心智复杂性，是核心素养的重要特质，而且与长期教育培养的关系较为密切。

（四）核心素养的形成体系

1. 核心素养形成的载体——知识

核心素养不可能凭空形成，知识是核心素养形成的载体。

（1）知识的结构

知识具有内在结构，也就是知识的内在构成。知识的构成包括以下三个部分。

一是符号表征。知识是人类认知的成果，它是以特定的符号为表征的。通过符号的表征，可以看出人类对于世界认知的程度及状态，也就是说，知识是通过符号的形式来呈现人类对世界的认知成果的。

二是逻辑形式。人类对于世界的认知方式就是知识的逻辑形式，这种逻辑形式主要包括知识的构成逻辑和人的逻辑思维两个部分。知识的形成是漫长而复杂的，需要经历一个分析与综合、归纳与演绎、分类与比较、系统化与综合化的逻辑思维过程，同时，知识内部都包含着概念、推理、判断等逻辑思维形式。符号表征是人类对世界的认知结果，逻辑形式则是认知的方式及过程，因此，没有逻辑形式的知识是不存在的。

三是意义。知识的意义主要体现在它与人类发展之间的价值关系上，知识最大的意义就是它所具有的能够促进人类思想与能力发展的内在力量。知识作为人类对世界长期认知的结果，它蕴涵着对人的精神世界具有启迪作用的普适性的"假定性的"意义，这种意义的存在，使人类能够通过学习知识获取思想、情感，建立价值观。

综上所述，在知识的内在构成方面，符号是知识的存在形式，任何人都无法脱离符号来创造知识、理解知识；逻辑形式是知识的构成规则，是认知的方法论，人类是以逻辑形式为桥梁来对认知成果进行结构化的与系统化的，只有拥有了逻辑形式，知识才有了构成；意义是知识的内在核心，它蕴含于符号的规律系统和知识的价值系统中。想要真正理解并掌握知识，就必须要把握好这三者之间的内在联系。

（2）知识的类型

现代认知心理学认为，知识可以分为陈述性知识、程序性知识和策略性知识三类。简单来说，陈述性知识[①]指的是一类关于"是什么"的知识；程序性知识指的是办事的操作步骤，是关于"为什么"或"怎么办"的知识；策略性知识指的是关于"怎么思维和认知"的知识，也就是元认知。具体来说，陈述性知识包括事实性、概念性和原理性的知识；程序性知识包括方法性、过程性和操作性的知识；策略性知识是对认知的认知，它是对认知过程或结果进行调节的认知活动。策略性知识与陈述性知识、程序性知识不同，后面两者如果被称为知识的话，那么策略性知识就是"知识的知识"。策略性知识也就是元认知，对内它能够通过调节、控制、协调和监测的方式来促进认知活动的更高水平运行，对外它能够深刻揭示出知识背后所蕴含的思维方式、价值观念、精神文化等，从而帮助人们实现深层次学习。

---

① 卜春兰.浅谈数学陈述性知识意蕴的挖掘[J].数学学习与研究，2020（13）：150–151.

值得强调的是，认知心理学的这一分类更适合于科学领域，而不完全适合于人文领域。虽然在人文学科知识中也有陈述性知识、程序性知识和策略性知识，但是，人文学科知识中所包含的丰富的情感性和价值性的知识因素，特别是一些只可意会不可言传的知识，却很难划归这三类。因此，知识的分类还要结合学科的特点和性质。

2. 核心素养形成的条件——教师

教师是核心素养形成的条件，要从知识教学走向素养教学，教师必须从知识型教师转变为素养型教师。

（1）教师核心素养的类别

素养来自知识和技能，但同时它又高于知识和技能，与单纯的知识技能不同，素养所蕴含的是思想、智慧、精神与文化。对于教师而言，核心素养包括学科素养和教育素养。

学科素养。一位优秀的学科教师除了自身要具有对学科内容的热忱与喜爱外，还能够在唤起学生对学科的热爱中得到愉悦。从事实来看，教师对学科的热爱程度对学生有着极大的影响，能够深爱自己所教的学科并在学科中感受快乐的教师，在学科教学中往往能够向学生释放一种邀请的信号，邀请学生来共同体验这种来自学科的意义和价值，这就是教师学科素养最好的体现。具体到内容，学科素养主要包括教师对学科知识之外或蕴含于学科知识之中的学科文化、精神、观念、思想和方法等的把握与感悟。

教育素养。教育素养是教师对教育教学规律特别是学生学习规律的尊重，以及对规律的深刻理解和直觉应用；教育素养也是教师对学生人格与个性的欣赏，对学生学习潜能与自主学习能力的开发与保护；教育素养还是教师对教育事业和学生的使命感与责任心。

启发是一种十分重要的教育素养，也是一种教育方法。启发是建立在教师对教材的深刻理解之上的。只有教师对于自己所要讲授的内容十分熟悉，才能在课堂上发挥得游刃有余，才能真正做到对学生循循善诱，才能提高课堂魅力，激发学生的学习热情，做到真正意义上的启发。

教育素养是教育智慧的体现，它突出表现在教育机智上。教育机智指教师在教学活动中所表现出的随机应变的能力。课堂是一个表现人与人之间的关系的系统，它是复杂而多变的，并且会随时产生很多问题。再周密的课堂设计，也无法预料到一切教学内容，这就需要教师充分发挥随机应变的能力，一旦对预料之外的问题处理不当，可能就会激起学生的反感情绪，使课堂陷入僵局。富有教育智慧的教师在面对突发情况时能够从容不迫，有效化解问题甚至会因为灵光一闪为课堂增添光彩。

教学灵感是教学机智的重要表现，是教师用整个生命与课堂活动相撞击而产生的创造思维，是一种典型的突发性、突破性的创造活动。灵感可遇不可求。从根本上讲，教学灵感的产生源于教师教育理论水平的提高，源于教师教学经验和教学机智的丰富、积累和掌握，以及其他众多方面的。

（2）教师教育的多元能力体系

教师教育多元能力体系主要从明确为师之本、关注学生成长、加强德育教育、探索教学管理四个方面进行探讨。

第一，明确为师之本。明确为师之本主要从教师的以下几个方面着手。

一是，教育爱心。教育爱心是指学生与教师之间的爱。从宏观的角度，教育爱心最核心的组成成分主要来自教师对教育的热爱。在学校这个特殊的环境中，这种爱能促进师生之间产生积极的情感联结，它的主要目的是实现教育的内外价值，为自己和他人带来幸福感。教师只有将教育爱心深深地扎根土壤中，给予学生最真挚的爱，才能实现自身的教育价值，使得自己的职业变得更加崇高。此外，教育爱心存在于教育这个特殊的领域之中，存在于教师和学生这种特殊的人际关系之中，因而具有特殊的内在规定性，主要有以下特征。

教育爱心是教师对学生主动的、无私的。教师的特定角色决定教师在教育教学活动中是学生的积极主动的引导者，也决定教师在教育爱心中处于积极、主动的一方，即教育爱心是教师"给予"学生的爱，是"给"不是"得"，是主动的爱、无私的爱。

教育爱心是一种社会爱、理智爱。教育爱心是一种值得人们尊敬的情感，这种情感是在特殊的环境下为满足个体的社会需求而产生的情感，是人们具备的具有特殊性的理智之情、责任之爱，体现出稳定性、无私性。教师给予学生的教育爱心既是教育的需求，也是社会的需求，这种情感蕴含着深刻的社会意义。所以，教育爱心是一种无私的奉献爱、崇高的事业爱，此外，它还蕴含着教师对实现自身价值的期望、对美好生活的向往等，这种爱浓烈且坚固稳定，与教师的职业使命和责任具有显著的相关性，也是教师在正确认识教育意义的前提下，对学生产生的真挚情感，这份情感体现出坚固性、积极性以及长久性，是为社会服务的责任之爱。

教育爱心的理智性主要体现在学生们接受爱的体验。换而言之，尽管教育爱心的主体是教师，但是，却是围绕着教育客体而进行。教育爱心是学生接受并认可的爱，仅凭借教师的爱好是无法实现教育爱心的有效表达，无法直击学生的内心深处。教育爱心是否用心、真挚，需要学生切身感受并评价。所以，教育爱心是在教师充分理解学生、尊重学生的基础上而进行表达的情感。若教育爱心中没有尊重与平等，则爱会变质，学生不仅感受不到爱，还会产生厌恶的情绪。尊重与平等指的是学生能够按照自己的意愿去发展，而不是遵从教师的想法强制性地行事，更不是为让教师满意而做出违背自己意愿的事情。

而作为教师不应该按照自己的思想来揣摩学生的内心想法以及判断他们的价值观念。教师对学生的理解是用心与学生交流，与学生保持亲密的关系，想学生所想、做学生所做。只有这样才能实现真正的教育。教育爱心的理智性在于最终的教育效果上，教育爱心可以使学生感受到幸福，而教师在向学生表达爱时，也能产生满足感与愉悦感，同时这份愉悦的体验能够转化为教师努力发展自己职业的内在动力。爱学生的情感会激发教师的潜力与智慧，以增强教师的职业能力。

二是，教师义务。人类社会关系的核心内容是价值关系或利益关系，存在付出和回报，每个人客观上会对他人、对社会负有一定的使命和职责。从伦理学上来看，义务是人类社会生活中普遍存在的道德关系和道德要求，也即道德义务。道德义务比一般义务要求更高，同时也是一般义务确立的道德基础。所谓教师义务，指的是教师在自己的生活和职业领域应当承担的职责（如表1-1所示）。

表 1-1　教师义务

体系	内容
教师义务的形态	教师义务的形态主要表现如下。 （1）一般道德义务与教育道德义务。对于教师而言，主要涉及两个方面的道德义务：一是一般道德义务，二是教育道德义务。二者的区别是教育道德义务限定在具体的教育道德体系当中。初中教师也是生活在社会中的一个普通主体，他们需要遵循基本的道德义务，比如遵守承诺、遵守法律、乐于助人等，但是与此同时，教师又是一种特殊的职业，职业本身对教师提出了职业方面的要求，也就是教师需要遵守教师道德义务。教师职业的特点是教师
教师义务的形态	起到教育的桥梁作用，教师和学生之间需要教师作为中介，某种意义上而言，教师是学生的榜样，这种职业特点要求教师要尽一般道德义务和教育道德义务。 （2）显见义务和实际义务。显见义务指的是显而易见能够看到的义务，在日常生活中，这种义务非常普遍，是人们能够理解的常识义务，比如偿还、公平、公正善良、乐于助人、爱国等。实际义务指的是义务所涉及的所有本性，是人们对道德做出的综合判断，初中教师的工作特点决定了他们会经常遇到较为复杂的道德状况，真正理解教育义务的教师能够对道德状况做出综合判断，他们会根据实际情况尽到作为教师应该尽到的职业道德义务，而不是按照抽象的规定履行道德义务
教师义务的作用	（1）确立教师的道德义务能够调节人与人之间的关系，人际关系的和谐能够让教育任务完成得更加顺利。教师职业本身具有一定的特殊性，需要处理的教学任务非常复杂，这使得教师要经常处理复杂的人际关系，在这种人际关系下教师面临着不同的矛盾和不同的冲突。如师生之间、教师之间、教师与领导之间、教师与家长之间的冲突，如果不能够正确解决冲突，那么冲突的存在就会影响到教育工作的开展，教师也会受到复杂人际关系的影响，使工作带有不小的压力，压力的存在使得教师无法进行自由的教育。想要解决冲突，教师需要在主观上正确认识教师具有的教育使命，严格遵守教师道德义务提出的要求，只有这样，才能够处理和调节人际关系，顺利完成教育任务。 （2）道德义务确立有利于提高教师道德"综合判断"的能力。各种教育义务的矛盾冲突充斥在教师整个教育过程中，像一般义务与教育道德义务以及不同教育义务之间的矛盾冲突，具体体现为教育义务和家庭道德义务之间、保守学生秘密与尊重学生秘密之间以及通过采用适当的方式帮助家长解决学生面临的困难、矛盾等。面对这些明显的义务冲突，教师更应该深刻理解道德义务及职业使命，全面掌握大局，综合判断教师道德义务，正确而恰当地履行教育义务。 （3）初中教师高尚道德品质的培养需通过教师道德义务进行确立，假如仅从自然爱好出发，单纯地履行义务，必然会失去道德价值；而只有那些克服"自然爱好"或非道德冲动的行为，且充满道德义务心，方可具有一定的道德价值，因此，那些经得起道德冲突考验的义务和品质才值得推崇。此外，在履行道德义务时，教师经常遇到考验道德意志的情况，通过反复实践及认识教育活动，使得自身内心需求从外在的义务要求逐步得以内化，其也因恪守义务情操变得更加高尚。想要让恪守纪律成为教育者的核心品质，需要教育者身心充满义务感，这一点在学校不可或缺。所以，通过确立教师道德义务，不仅可以增强教师的道德动机，还有助于教师养成高尚的品质。

续表

体系	内容
教师义务的作用	（4）确立教师的道德义务能够培养学生形成义务意识。教育的目的就是让受教育对象意识到自己具有履行义务的责任，如果教师能够严格履行自己应尽的义务，那么会对学生产生巨大的影响，教师对义务的严格履行为学生树立了道德的榜样，能够引导学生形成义务意识，会让学生在实际行动中遵守道德要求，对自己负责
教师义务感的培养	教师义务感的培养是教师履行、承担相应义务的关键前提，教师义务感的培养主要表现在以下几个方面。 　　（1）给初中教师自由选择的空间，培养教师的道德责任感。行为自由、意志自由是人的两种自由，其中道德关心的是行为自由，这是人类特有。如果一个人的行为不受约束，就证明他是自由的。对教师道德责任的承担意识进行培养，有利于提升教师道德和教育水平，主要有三种限定教师承担责任的因素：①当一些义务是教育机构、教育事业以及社会明确要求的，对教师不可提出超出其承担道德责任范围的要求；②为履行某一义务，在一定客观环境中已经给出基础条件；③教师通过教育行为可以正常履行该义务。在短期内，特定教师无法承担学生的后进现状的责任。一旦同时具备以上三项条件，教师便可承担起相关的责任。 　　（2）提高初中教师道德义务的认知水平，普及教育道德知识。个体认知或觉悟客观道德责任的水平直接关系到道德义务的形成。基于此，认知、学习道德义务是个体道德义务感
教师义务感的培养	及道德修养培养中一个非常重要的环节。尽管及时或合适的道德行动，不一定由道德义务的知识进行引导，但是，增强及践行教育义务感得益于对义务的认知，特别是融合情感体验的真正认知。 　　（3）培养初中教师形成教育事业的意识，让初中教师具有教育信念。道德义务和教师的知识学习处于不同的体系，如果想培养教师形成道德义务的正确意识，那么需要将道德义务的相关认知纳入认知范围，让教师在信念认知中认识到教育道德义务的重要性。当教师具有道德义务的意识之后，教师会自觉地遵循道德义务提出的要求，会把道德义务中的要求当作是教师本人的意志，当成自己的发展需要，这样道德义务就成为教师的分内之事，就成为教师本人要完成的个人追求。在这种情况下，无论是思想还是意识都会被调动起来，教师的行为也会更加符合道德义务的要求

　　三是，教师良心。"良心"是一个古老的伦理概念。中国的思想家注重从整体上把握良心，而西方的思想家则更注重良心的细化、分类。孟子认为人的恻隐之心、恭敬之心、是非之心、羞恶之心是人的良心。他认为，人应该对自我的良心进行约束，不可以放逐良心的发展，因此他写道："虽存乎人者，岂无仁义之心哉？其所以放其良心者，亦犹斧斤之于木也，旦旦而伐之，可以为美乎？"。良心是真实存在的东西，它能够对个人的行为和义务做出规定进行自我约束，通过分析以上思想家对良心做出的解释，我们可以发现他们都认为良

心是自我的一种体现，和自我之间有非常紧密的连接，是人对自我行为做出的判断，良心是人没有办法规避的评价，人的良心会对人做出一个内在的道德规定。

初中教师在教育实践中，通过自觉意识为社会提出一系列道德诉求，赋予教师关于学校、教师集体、学生以及社会自觉履行职责的道德自我评价能力和特殊责任感，这些属于教师职业道德范畴，称其为教师良心，这种良心潜藏于教师的内心深处，是一种意识活动，它体现在教师的职业活动中，是教师道德觉悟的综合体现。

教师的良心能够从内在的角度提高教师的工作效能，教师是一个特殊的职业，教师需要处理非常复杂、繁多的工作，这需要教师具有持之以恒的毅力，而且教师的工作周期非常长，教学效果的获得也是缓慢的，所以，无法在某一个时间段对教师做出教学质量的量化评价[①]。

教育良心可调控教师的教育行为，这种调控机制贯穿于整个教育过程。该过程中各种各样的关系，各种矛盾和问题的解决均依赖于教师良心，教师道德意识的各个方面均由其支配，具体贯穿于两个行为阶段：①教师良心在行为进行前，可选择教师行为的动机。当对其行为进行选择时，既受到自己良心的影响，又受到外部条件的制约。在同样的条件下，教师受到良心的支配对某种行为进行选择。②教师在行为进行中，教师良心可监督、调整及控制其行为。对于具有良心的教师，无须学生、领导及其他教师的监督。在行动过程中，依然可以满足教师职业道德的要求，通过自觉纠正和克服与教师职业道德相违背的行为、手段和意识，对符合教师道德的行为以及情感给予激励和强化，以引导自己的行为走上正确的轨道，避免出现偏差，而引发不良后果。

教师在做出教学行为之后，良心会对教师的行为产生评价。总体而言，教师的教学实践会受到两个方面的评价：一个方面是社会舆论，社会舆论对教师的行为评价能够约束教师的行为，让教师行为更加符合规范要求；另一个方面是教师的自我良心，因为教师的教育活动是自由的，是有个人特性的，教师的活动会受到自我良心的审判和评价。因此，教师自己良心的评价显得更为重要。

---

① 李臻辉. 教师良心的探寻 [J]. 科教文汇（中旬刊），2017（17）：20-22.

四是，教师公正。公正一直是人类社会普遍的道德法则，是人们孜孜以求的价值生活目标。而公正的概念是一个复杂的概念，它既是法学、政治学概念，又是伦理学概念。在法学中，公正与法律有关。法官的使命就是以法律为依据主持公正，为公正服务；在政治学中，公正是一个政治原则，要求公务人员不徇私情，公正无私；在伦理学中，公正是人们最基本的道德原则和道德规范，作为最可贵的道德品质，公正是指人们根据一定的道德原则和道德规范办事，坚持真理，公平正直，合乎情理，不存私心。

形成教师公正的过程不是一蹴而就的，而是循序渐进的，在教学过程中，教师处理事情、处理人际关系需要做到公平公正，对公平公正原则的遵守，能够让教师逐渐形成公平的道德意识与信念。教师公正观念的形成，既会受到社会公正规范的要求，也会受到相关活动的影响，所以，我们说教师的公正观念指的是在开展教育活动的过程中，教师遵照的社会对公众提出的道德要求，以此来处理教学活动涉及的合作者，处理教学活动当中的人际关系。在众多的人际关系中，教师对学生进行的公平公正的评价最能体现出教师的公正本质（如表 1-2 所示）。

学校教育需要因人制宜地制定相关的教学内容和教学方法，关注学生的个性发展和心理状况，尽可能地减少学生之间的差异，有意识地培养学生的自我认知能力、自我提高能力和自我完善能力。但也不能过分要求对学生个人素质的培养，要在潜移默化的教学过程中培养学生的团结协作能力、团队服务意识。

表 1-2　教师公正

体系	内容
教师公正的意义	公正对于教师良好职业道德的形成将日益显示它强大的制约和影响力。 （1）有利于自身德行的完善。一个公正的教师，是有规范行为和品德的教师。在教师的职业道德规范中，公正是其一，同时，它也是群体伦理道德规范。公正在德行和规范方面是相辅相成的。要实现规范，先实现德行。教师的公正德行可以受到内化，在内化后变成个体德行。德行在内化之后变为一种道德力量，它对公正是存在要求的，会对公正进行真正的践行。公正对于教师而言是一种责任，当教师能够完全认同与敬畏这一责任时，就能够做到公正德行。首先，教师需要认同群体的规范，并且对公正不断地追求，教师可以在教育教学实践中进行自我完善，使自己的整体素质和道德得到提升。只有教师能够结合个体德行和职业规范时，才能够真正做到公正，这可以让教师在进行自我发展的同时，也符合社会道德规范。因此，教师不断提高自身德行的过程，就是追求公正的过程。

体系	内容
教师公正的意义	（2）有利于学生的道德成长。教师公正直接影响学生对公正的理解和认同。学生具有"向师性"的特点，教师的德行会直接影响到学生。一名教师若是公正的，那么在教师的言行举止中便会彰显出公正的特征，并且这种特征会潜移默化地影响学生，让学生也形成公平公正的德行。对于学生而言，教师是言传身教的典范，教师的自身示范会让学生形成初步的对于公正的理解和认知，正确的示范能让学生掌握正确的公平公正观念。 初中教师如果能做到公平公正，那么将会极大地促使学生培养成公平公正的品德。教师自身对公平公正品德的践行对学生产生积极的导向作用，能够引导学生追求公平公正，而且教师的践行会让学生亲身感受到公正的意义，学生会认识到公平公正是对他人的尊重，是为人处事非常重要的处事原则之一，是一种非常高贵的道德品质，学生可以通过教师的行为感受到公平公正道德具有的善良含义。在教师的影响下，学生会自觉追求公平公正，自觉践行公平公正。 （3）有利于良好教育环境的形成。具有公正德行的教师会将公正待人的态度带入教学实践当中，这是教师给予教育的外部环境。教师具备公正德行就能够更好地处理社会关系，如与学生和学生家长的关系，能够在教学上保持良好风气。 从教师的工作角度来看，具有公平公正道德观念的教师能更好地完成上级领导交代的任务，能更好地和同事展开合作，有利于教师和学校更好地培养学生。而且教师为人处世的公平公正能够形成良好的工作氛围，教师以公平的人格对待他人能够发挥出积极的育人作用。从班级建设的角度来看，教师的公平公正会影响到学生的日常学习、日常生活，甚至是学生的成长，当教师做到公平公正后，班级的班风、学风也会充满公平公正，有助于形成一个良好的班级氛围，进而对学生的学习发展产生好的影响
教师公正的特性	教师公正的特性主要有以下四个方面。 （1）历史性。教师的公正并不是一成不变的，在不同的历史时期下，社会认为的公平公正是不同的，所以对教师提出的要求也是不同的，社会公平公正的变化受到社会经济发展、道德发展的影响，教师也是生活在社会中的人，教育活动也是在社会进行的活动，所以，教师的公正观念也会受到社会上道德、经济、文化的影响，从而表现出特定历史时期具有的特点。 （2）开放性。学生可以在信息时代获得多样性的知识和多元化的价值观，在这一点上，教师与学生有一定差异。教师在面对这种差异时可以选择变得更加开放，主要表现在向孩子学习上，善于了解学生的教师往往能够从学生身上学习到很多东西。开放性的另一个表现是支持学生。社会上众多角度所关注的主要问题是学生的健康成长。在教学方面追求的最大利益是学生的健康成长，一切教学活动都是以这一目标进行的，教师的价值也是促进学生的健康成长。但教师之间会存在个体差异，不同的教师因为个人的喜好和价值观及个人的经历不同，对学生采取的态度也不同。衡量这些现象的方法依据道德标准，想要判断道德与否需要从多个角度来看，如果方向是正确的，学生就应当得到支持，这就是教师对学生的支持以及公正开放的表现。

续表

体系	内容
教师公正的特性	（3）自觉性。教育是一种目的性很强的社会活动，教育总是要教人从善。因此，"教育的根本目的蕴含了公正的意义，并通过教学活动、教学情境或隐或显地体现出来"①。 （4）教育性。教师公正是在教师的教育教学过程中逐渐形成的，因此，教育性是教师公正区别于其他职业公正的重要特点。教师公正的教育性主要是由教师劳动的特征来决定的，教师劳动的特点之一就是教育主体与教育手段的同一性，所以教师能否公正处事、能否建立起公正的人际关系，特别是师生关系，往往对学生起到示范性和教育性的作用
教师公正的践行	教师可以保持自身的公正的价值取向，我国教育十分缺乏优质资源，因此，教师的公正也会根据社会发展的变化而重新定义。 （1）教育环境的综合治理。教育环境的综合治理能够让教师依法展开教学，能够实现教育的公平公正，特别是在学校中对教师职业以及行为的规范，能够让教师更加公平公正地对待工作，能够让教师形成更强的公正意识，对于教育的发展有非常积极的影响。对教育环境进行综合治理应该加大对教育的投入，要投入更多的资源，并且科学合理地分配资源，与此同时，还要保证教师的权利，为教师营造良好的职业环境。除此之外，还需要科学合理的考评机制，考评机制的存在能够激励教师更好地发展。 （2）提升道德素质，实现教师角色的认同。现今，市场经济条件变化下，在利益格局和分配关系上师德状况也由文化的多元性产生了变化。我国的教育领域已经产生了市场化的趋向，但是相应的市场规则并没有十分完善，因此，教师很容易将教育看作是一项交易，通过教育来谋取利益进行等价交换。但是，教师和其他职业是不同的，教师这一职业是以人为对象进行教育的，教师这个职业的特殊性决定了这个职业并不能做到完全市场化，教师并不是一个经济化的职业。 教师角色在当前社会还存在另一种认知，人们对教师的形象进行高度的想象，过分要求教师的完美性。甚至就连教师自己也会将自己的这一职业看作是社会阶梯。但是，教师仅仅是一个职业，在符合职业道德标准的情况下进行教学，教师依然是社会成员中的普通个体。不应当对教师进行过分的吹毛求疵，这会使教师产生压力，如果过分给予教师过高的期待，教师却无法得到相应的劳动报酬和社会地位，教师就会产生压抑感和冲突感，这是对教师自身的不公正性。 在市场经济环境下，社会应当充分地认同教师这一角色。教师只有在师德崇高，并且达到相应的专业标准时，才能够将自身利益和学生的利益统一起来，在教育过程中充满责任感。同时，教师可以通过教育这一任务，对自我价值进行实现。教师在教育的过程中，不仅对学生进行教育，对知识进行传播，还能够不断地提升自我，使得自我人格更加完善。教师这一角色是具有个性的，应当统一自身的外在社会价值和生命价值。社会对教师人才的要求包含个性独立，具有创新能力。教师作为人才培养的主体，在教学时，应当不断完善自我，认清自我，找到自己的责任所在，丰富自己的职业生活，使教师能够在追求社会价值时也实现自身的生命价值，公正地对待自我，保持自身道德。

① 崔月华. 教师的职业道德与职业能力 [J]. 辽宁教育研究，2004，（11）：91.

续表

体系	内容
教师公正的践行	（3）注重教育教学艺术，提高教师公正能力。1）让教师在追求公正的过程中，运用教育的智慧。教师只有拥有了教育的智慧，才能够达到教学水平的成熟，能够全身心投入实践，并且为之付诸心血。拥有教育智慧的教师能够在课堂中敏锐地察觉到学生的需求，在社会中，能敏锐地发觉社会的新形势。同时，有智慧的教师能够将冲突和矛盾和谐地化解，并且能够在教学时选择合适的对策，具备较强的调节能力。2）教育时懂得掌握分寸，真正公正的教学。教育的分寸，包含教育的态度方法，掌握分寸需要恰到好处。教师在教育之后，对教育的主观理解都是分寸的概念，同时也需要做到对学生的尊重和认同。教师在课堂中掌握恰当的教育行为也是懂得教育分寸的体现，有分寸的教师能够结合职业能力和道德，对学生高度地负责，在教学过程当中能够尽到自己的责任，保持良好的师生关系，出现矛盾时，能够适当地进行调节

"以人为本"这一教育理念具有强大的凝聚力、创造力和人文性，在这一理念的支持下，学校教育要采用多样化的方式对学生进行评价，为学生的个性发展提供充足自由的空间，从而引导学生能够学会正确地认识自我、评价自我、控制自我和设计自我，提高学生的创新能力，为学生踏入社会、适应社会的发展提供良好的条件。

一是，"以人为本"与学生个性发展（如表 1-3 所示）。

表 1-3　"以人为本"与学生个性发展

体系	内容
转变传统教育观念	现代社会对人才的需求是具备较强的创新能力、适应社会的能力、实践能力等，因此学校教育需要在教学过程中转变传统的教育观念，树立新的人才观。在教学过程中要采用多种手段激发学生参与的积极性，由于每个学生的生活环境、性格气质、对知识的掌握能力、生理发育状况等各方面有很大的差异，因此需要根据这些差异转变教师的教学观念和教学方法，在实际教学过程中做到因势利导、因材施教，从多个方面提高学生的学习成绩、创新能力、学习经验等，让学生的才能和天赋得到充分的发挥，为国家和社会提供德智体美劳全面发展的优秀人才，这也是学校教育坚持"以人为本"的原因之一
树立民主平等观念	在学校教育中，对师生关系要树立民主平等的观念。教师要学着尊重学生的独立性和自主性，把学生当作一个独立人格来看待。学生也要尊重老师，在尊师重教的基础上向老师学习，提高自身的能力。在教育过程中，要摒弃传统的教学方法，建立起相对平等、民主和相互尊重的师生关系，培养学生树立自尊、自信、自立、自强的信念；改变传统的教学评价方式，要多样化、丰富化；为学生提供充足的发展空间，如根据学生的学习兴趣设立相关课程、激发学生自主选修课程、开展相关讲座沙龙、提倡学生跨校听课等，从而培养学生发展创新的能力，促进学生的个性发展

综上所述，教育是否能够为国家和社会提供所需要的人才，可以作为衡量一个国家经济社会发展是否先进的标准之一。学校教育在教学过程中坚持"以人为本"的教育理念，可以实现学生身份的转换，从被动接受教育者转换为主动接受者，把学生当作受教育的客体转换接受教育的主体，将提高学生的自我修养和自身素质与能力作为教育活动的目的。但这也对学校教职工提出了更多的要求，教职工要不断地提高自身的教学能力，加强教师的自我修养，在教学过程中把尊重、提升和发展学生的主体性作为教育的目的之一。学校教育之所以要坚持"以人为本"的教育理念，就是要尽可能地促进学生的个性与发展，为社会提供个性完善、人格独立、创造性强的人才，突出学校教育对社会人才培养的重要作用。

二是，为学生个性发展提供自由空间。在改革开放全面推进之后，社会的开放程度明显提高，人们的思想也变得更加开放，在这样的环境下人们更加注重个性的发展，与此同时，社会步入了知识经济时代，更关注创新人才，这使得教育也开始注重学生的个性发展，为学生的个性发展提供了更充分自由的空间（如表1–4所示）。

表1–4　为学生个性发展提供自由空间

类别	内容
个性与个性发展	个性指的是个体心理特征中非常稳定的一种特征，它能代表个体心理特征中的某种情感倾向，个性的形成会受到遗传、学习和成长等因素的影响，个性特征主要体现在学生需求兴趣、性格、价值观以及能力等方面，个性的形成以生理作为基础，在这个前提下，社会当中的主体和客体在发生相互作用的时候促成了个性的生成，形成个性代表个体具有了一定的特殊技能、特殊能力，代表个体的需求层次有了一定的提升，代表个体有了自己的兴趣爱好、价值观。 个体的个性发展既有利于自身的成长，也有利于社会的进步。首先，个性得到充分发展的个体会更加积极主动，他们有积极向上的内在动力作为支持，在这种动力的支持下，个体更容易成长为有才华的人、成熟的人；其次，个体的个性充分发展可以助推社会的发展进步，社会是由基础的个人组成的集体，但并不是所有个体奋斗成果的简单合成，而是整个集体共同发展之后获得的进步成果，个性的发展有助于机体经验范围的扩大，进而可以实现人类的整体发展；最后，计划经济时代，我国对个性的发展形成了错误的看法，过于注重教育的同一性，为了纠正这种错误，我国更应该支持学生的个性发展，为学生提供有利于其个性成长的环境

类别	内容
自由与个性发展	班级教学知识在学校教育当中的应用极大地提升了学生的培养效率，但是班级教学的教学模式非常单一，而且所有的学生都要遵循规章制度当中的约束，这使学生获得的自由越来越少，培养出来的学生越来越统一，在这样的情况下，人们意识到了自由缺失的严重性，开始倡导教育要关注学生自由，关注学生个性成长。自由的解释有很多种，本书中的自由指的是人在社会活动中具有的活动自由。在步入现代社会之后，个体有越来越大的活动空间，在社会活动空间当中个体自由不能妨碍他人的正常活动，也就是说这种自由是需要承担一部分责任的，首先，它不可以影响他人自由活动的基本权利；其次，个体需要承担自己的自由行为带来的后果。总的来看，这种自由属于消极自由，它有权利不被别人干涉，但是它又不是完全的消极自由，它在享受不被别人决定的时候，也在试图去冲破外在枷锁和限制，想要去努力，所以它也有积极自由的成分。消极自由在一定程度上为个人的成长与发展提供了基本保障，但是它也为自由发展设置了责任，让自由有了一定的约束，避免了个人的我行我素。 　　个体和他人之间的区别主要通过个性来体现，如果个性发展受到了外在的压制，那么个性便没有办法体现，所以，个性发展需要自由，需要自由的时间、自由的空间，只有依赖于时间和空间的支持才能实现个人发展个人。在社会活动当中可以获得自由活动，自由生长的机会，也可以在活动当中不断地进行自我反省、自我评价，肯定自己的优秀之处，改正自己的不足之处，自由并不是完全自由，而是有责任的。责任赋予了人主动性，让人可以主动选择、主动发展，主动实现自我，自由具有的责任极大地帮助了个人能力、个人性格、个人世界观的形成与构建，在个性发展过程中必然离不开自由，个性得到自由发展之后，人的理性也会在一定程度上有所发展、有所进步，理性的发展可以让个体更好地运用自己具有的自由权利
教师自由与学生个性发展	教师自由指的是学校应该对教师进行相对自由的管理，给予教师一定的权利，让教师可以自由选择教学内容、教学方法，让教师在教学中展现教学个性。教师自由可以潜移默化地对学生的个性成长产生影响，波兰尼的缄默知识塑造了全新的知识观念，从科学的角度对教师自身素质的重要性以及教师的以身作则的有效引导做出了解释。他的知识可以分成两个类别：首先，缄默知识，指的是没有办法使用语言表述的知识，这类知识具有的特点是情境性以及个体性，它们的影响是潜移默化的；其次，明确知识指的是教材当中的知识，这些知识可以使用语言的方式表述出来，教材当中的知识不能对学生的性格产生影响，学生的性格主要受到日常的实践活动产生的影响，一般情况下，教师的教学风格会影响到学生的气质以及学生的性格，教材当中的那些缄默知识需要借助于教师的讲授才能发挥作用，如果学生喜欢老师的教学风格，那么教师就会对学生的性格和气质产生积极的影响
学生自由与个性发展	学生自由包括两个方面的内容：首先，学生自由指的是学生可以在学校举办的教育活动当中自主地参与活动，也就是说，学生会获得更多的教育主动权、教育自主权，他们掌握了他们权利范围内的教育自由。但是，之前的传统教育模式更加注重教师权威性的树立，强调教师是绝对正确的，在这样的情况下，学生的主体性没有得到重视，学生往往是知识的被动接受者。在这样的情况下，培养出的学生没有较高的创造能力。其次，生活自由，指的是生活方面学生具有的自由。学生的自由是在某个范围之内的相对自由

续表

类别	内容
学生自由与个性发展	第一，学生自由让学生有了更加协调更加和谐的生活环境，他们转化了角色，不再是教育的被动接受者，而是变成了参与者，他们可以在教师的指引之下自由的自主地参与学习和生活，而不是处于被监视、被处罚的学习环境当中，学生得到了自由之后，可以将自己的想法表达出来，也不会因为自己想法的与众不同而受到他人的责罚。不仅如此，学生在展示自己的与众不同时，可能会得到老师的嘉奖，这有助于学生个性养成，有助于学生创新能力的提升。 第二，学生拥有更多自由之后，学生的学习时间、学习空间都会得到解放。学生可以对多余的时间进行自主掌控、自主支配，这些闲暇时间才是个体与个体之间差异出现的重要时间。最开始人类就是利用闲暇时间进行学习的，学习的出现导致了最初人类个体和个体的不同，一部分人利用学习得到了更好的发展，现在也是一样的，学生完全可以把自己的业余时间利用起来，学习自己喜欢的项目，发展自己的爱好，开阔自己的视野，树立正确的人生观、世界观，在业余时间，学生可以开展读书、社交、娱乐等方面的活动，这可以使学生的日常学习节奏有一定的调节，也可以让学生从其他方面获得自信，有利于激发学生内部的积极因素、潜在因素，让学生的能力得到全方位的发展。 第三，赋予学生自由，要求教师转变自身的工作角色、工作地位。教师和学生处于教学当中的平等地位，教师在某种程度上是学生学习的指导者，而不是之前的监督者和决定者，在这样的情况下，学生可以展开自主学习，可以自由处理遇到的生活问题。但是，在获得自由的同时也要承担更多属于自己的责任，要求学生遇到事情要仔细思考，要认真对待。例如，在选择要学习的学习内容时应该考虑社会需要，也要考虑自己的兴趣爱好。在学生获得一定的主动权之后，学生的积极性主动性会使得学生积极地表现自我，彰显自我，在这种自我表现过程中，学生可以更为全面地提升自我，在个性自由发展的过程中，学生也会提高自己产生的需求层次，不断地注重自身能力的提升。 学生自由可以在最大程度上影响学生，它会直接助力学生的个性发展。除此之外，教师、管理方面的自由会对学生的自由个性的发展产生间接影响，学校可以从整体的角度出发为学生构建适合他们个性发展的自由环境
学术自由与学生个性发展	学术自由最重要的方面有两个：一是思想自由；二是言论自由，思想指导行动，思想的发展会直接影响学生的个性发展，只有学生具有了独立的思想，学生才能是个性的学生，学校注重学生对知识和真理的掌握，但是无论是知识还是真理都存在相对性，知识和真理是不断完善、不断优化的，而且个人对知识和真理的理解角度不同也会形成多样的理解结果，所以，个体的思想必须承认这种多样性，只有承认多样性，个体才能是个性发展的，学校应允许学生自主进行知识的探究、自主选择知识的了解角度，如果没有给学生自主探究的机会，那么学生就没有办法形成独立的思维，也没有办法成为有个性的人才

综上所述，想要为学生的个性成长创造更优秀的环境，那么需要做到学生自由、教师自由以及学校的治理自由，教育首先应该把学生看成独立成长的个体，虽然自由具有双面性，但是，如果可以合理地运用自由，那么能更大限度

地促进学生发展，也能使学校更好地发展，学校应该从尊重学生的角度出发为学生的个性发展提供自由的环境，真正做到学生全面发展和个性发展的结合。

三是，加强德育教育。德育是教育功能的组成部分，是教育的另一种价值追求，与美育相辅相成。对于这种"言传"之外的"身教"，不仅以实践方式表现教师的自身魅力，也影响着课堂教学活动的效果。教师不仅要教人学习技能，更要培育人成为道德的楷模①。

现代德育的前提是实现社会和人的现代化，其关键在于实现人的现代化。现代社会发展和人的德育发展都要通过现代德育体现出来。因此，德育内容不仅要有广泛性，还要有现实性。从业者是否具备良好的道德水平取决于自身的职业道德，职业道德会对人的劳动态度产生很大影响。此外，学校教育是要让受教育者通过一些先进的理念、科学的观点去选择、创造和判断。在拓展德育教学形式的过程中不仅要对教学资源进行合理且充分的利用，还要拓展已有的教学形式。一方面，要在课堂教学中开展德育教育；另一方面，要通过多媒体教学对德育教学进行巩固。在现代教育德育教学过程中，除了要使用传统的授课方式，还要利用现代教育技术和信息技术（如表 1-5 所示）。

表 1-5　加强德育教育

类别	内容
德育教育的意义	开展德育活动需要教育者、受教育者，以及学校管理者的共同参与。学校管理者的参与，是为了更好地对学生的德育活动进行有效管理，是德育活动和德育教育，更好地契合，更好地实现德育教育的目的，从整体上提高学校的德育质量。 　　（1）有利于协调学校、家庭和社会之间的关系。影响德育管理效果的因素有很多，学校德育往往受到上至社会下至邻里、家庭等诸多因素的影响，这也要求学校管理者必须着眼于社会的要求，立足学校的实践，兼顾家庭的影响进行德育管理，这样才能够达到理想的效果。在具体的操作中，德育往往受三大因素的影响：家庭、校园、社会。其中校园因素在绝大多数时候都是主要因素。作为德育管理的"主战场"，校园必须要协调好与其他外部因素的关系，争取使社会、校园、家庭携手共进，达成一致，以合力推进德育管理，达到 1+1+1 ＞ 3 的效果。 　　（2）有利于协调学校内部各部门、组织之间的关系。学校对德育的管理，是宏观地协调学校各部门组织之间的关系。之所以这样说，是因为学校开展德育活动需要学校内部各部门组织之间的协调配合，如教务处、教导处、行政部门、后勤处、总务处、班主任、教师、学生会、共青团等。通过各部门积极配合，对与德育活动开展有关的学校内外的人力、

---

① 于晨芳，张荣伟. "德育教育"之说的规范性探析 [J]. 北京科技大学学报（社会科学版），2023，39（02）：211-216.

类别	内容
德育教育的意义	物力、财力等教学资源进行充分利用和合理分配，辅助开展德育教学活动课外活动。学校通过宏观调控部门组织之间的协调关系，避免不必要的关系冲突，从而合理运用学校资源，顺利开展德育教育，有效地提升德育质量和效率。 （3）有利于协调学校德育过程内部各要素之间的关系。德育教育是学校教育教学体系的重要组成部分，是学生综合素养形成的前提。德育对象应是"学生"群体，包括个人，但不只有个人，德育是以个人为对象的群体教育行为。但是需要注意的是，学生群体本身的复杂性也会对德育活动产生重要影响。此外，教师群体本身也颇具复杂性。因此，以复杂的群体构成对象的同时还要兼顾个体的德育活动必然也是复杂的综合性活动。为了使德育活动真正得到实效，就必须区分这些群体中的各个要素，并科学合理地安排每一个要素，以使其协调配合，共同推进德育活动的开展
德育教育的管理	（1）德育教育的管理原则。德育教育的管理原则主要有以下几个方面。 第一，教育性原则。所谓教育性原则，就是指将德育管理放置于教育体系之下，将德育管理以教育的模式在学校中推进，进而尽可能地扩大德育管理的教育成果。 事实上，校园中的德育管理已经呈现出与教育过程紧密相关的现实情况。在相当多的层面，初中学校中的德育管理都体现出了校园教育特色。例如，校园德育管理会不断地接到反馈，进而进行修正，施行，再接受反馈，如此周而复始，螺旋上升，这种模式和教师不断改进自己的教学方式的模式如出一辙，都非常科学。此外，就像学校的教育是基于明确目标循序渐进地推进一样，校园德育管理也大体会遵循这一途径。贯彻教育性原则，需要做到以下四点要求。 一是，德育管理本身也具有德育作用，应充分发挥该作用的有效性。德育管理的方式、目标、管理人员的行为都具有德育教育作用，因此在进行德育管理时，应该遵守三个方面：首先，管理的推进应该符合德育目标，管理应该以培养学生优秀品德，促进德育质量和效果为前提；其次，管理者要明确管理的意义，从意识和行为上积极配合德育管理；最后，管理应该使用正确的管理方式、方法，防止管理变成形式主义和制约学生的手段；管理者应该端正自己的思想态度，注意自己的言行，以自身为引导和榜样开展德育管理。 二是，管理应将规章制度和说理疏导结合起来。规章制度是指通过规范管理目标、制订管理计划、规范行为准则、规范检查等方式，宏观把控德育教育的开展过程。说理疏导是指通过教育、谈话、讲座等方式，使教师和学生明确管理的目的、管理的意义，使教师和学生从意识上明确管理的必要性，从而在行动上积极配合德育管理。将规章制度和说理疏导结合，既从意识上保证教师和学生理解德育管理，又从规章制度上约束了教师和学生的行为。 三是，教育应该自始至终贯穿于德育管理过程。管理的目的是辅助德育教育，所以管理的每一环节、每一要求都应该是为了教育而设立，管理计划、管理方式、管理实施都应该具有教育性。 四是，适当运用奖惩机制，有效发挥奖惩机制的作用。具体做法为：首先，需要明确奖惩是管理的一种手段不是目的；其次，奖惩机制应该以奖励为主，惩罚为辅，积极发挥嘉奖的激励作用；最后，奖惩机制中，奖惩手段应该以精神方式为主，物质方式为辅。 第二，民主性原则。民主性原则是指在德育教育过程中管理者应该把被管理者当作主人，发挥民主性，与被管理者共同开展德育管理工作。贯彻民主性原则，应该做到以下四点。

续表

类别	内容
德育教育的管理	一是，发扬民主精神，以群众为依托结合群众意见，开展德育管理工作。德育工作开展过程中，管理者要积极了解群众意见，听取群众建议，整理分析后合理采用群众建议，依托群众改进、完善德育管理。 二是，德育管理可以吸收学生家长和社会力量。德育的建设离不开家庭和社会的影响，德育管理可以动员家长和社会共同参与。 三是，德育管理应该给师生创造参与条件，师生不仅是学校管理的管理对象，也是管理的支配者。德育的开展需要师生和管理者共同参与，所以德育管理应该给师生创造参与条件。 四是，德育管理可以积极动员学生力量，组建学生组织，实现学生之间的自我教育管理。学校里学生的数量过于庞大，管理人员数量相对少之又少，因此，如果想实现全面管理，必须动员学生力量，在符合管理规定的基础上，发展、建立、完善学生组织，比如，学生会、共青团学生组织等。通过学生组织的建立对全校的学生开展活动教育、思想教育，实现学生之间的自主管理，让学生成为管理的主要力量。 第三，规范性原则。规范性就是要求在德育管理中做到照章办事。当章程或规则形成后，管理者及被管理者都要遵循既有的规定，不能逾矩。而规则本身也要体现出科学化、人性化的特征，使其能够被广泛接受而不引起普遍的反感。要做到这一点，必须要遵循以下内容。 一是，建立完善而合理的制度。若要想照章办事，那么最基本的就是先确定章程，然后才有按照章程推进管理的可能。好的章程应当科学、公正、有人情味。当然，章程的确定除了要遵循一定的原则以外，还要遵循国家相关的方针和政策，遵循社会普遍形成的良好规范，遵循公序良俗，并因校制宜，积极探索适宜本校发展情况的章程。 二是，构建尊重规则的校园氛围。管理者应看到校园氛围对遵守规范的重要影响。校风是在长期的实践中逐步建立起来的，是浸润全校的风气。身处校园中的每个人都深受校风影响。因此，德育管理者应当充分认识到校风对校园行为和观点的深刻影响，充分发挥自身在校园氛围营造、校园风气形成过程中的重要作用，帮助校园形成有助于德育管理的校园风气，进而促使每个校园中的人自觉地去遵守规则，维护规则。 三是，坚持行为导向原则。必须从规范全校人员行为入手，进行规范化教育。只有使全校师生都形成遵循规范的良好行为习惯，制度才能深入到校园的每个角落。当然，规范的制订也有章可循，不同的群体有不同的遵循主体。比如教师群体，其规范主要依托于国家现有的法律法规以及国家和社会对教师的道德要求。而学生群体要遵循的规范就相对单一，主要是教育部门规定的针对学生的行为规范。只要校园里每个人的每个行为都符合特定的教育行为规范，每一项设施的每一个标准都符合国家相关建造规范和使用规范，那么行为导向原则就可以得到贯彻，促使规则化意识深入到每个人的每个行为中。 第四，整体性原则。整体性就是把德育教育当作一个整体，看成一个系统，将德育教育的各个要素，按照一定标准分类组合，建立联系，形成一个系统。从整体上处理系统的各种联系和矛盾。事物的存在都是对立统一、相互联系的。德育系统也不例外，德育的各个因素之间，也是对立统一、普遍联系的。所以，对德育有关的因素以及德育自身和外部之间的联系、矛盾，都应该从整体上联系解决，遵循整体性原则。贯彻整体性原则，需要遵循以下四点。

续表

类别	内容
德育教育的管理	一是，将德育看成一个整体，结合社会对德育整体的影响，有效处理德育教育和社会之间的联系和矛盾。德育存在于社会环境的发展和变化中，德育及其管理会受到社会的变化影响。与此同时，德育和管理应该及时根据社会的变化调整德育的发展目标、发展要求、教育方法、内容、方式。除此之外，还要控制对德育造成的不良影响的社会因素，更重要的是，应该培养学生的良好品德来改善社会不良风气，带动社会风气向良好方向发展。 二是，德育工作需要整体统一指挥，各部门分工合作。首先，德育活动需要管理者具有整体思维，全方位地衡量德育活动，合理有效地组织分配工作；其次，学校需要建设有力的行政指挥体系，发挥整体指导作用，把整体德育工作合理有效地分配给各个部门。除此之外，各个部门要有有力的执行能力，对学校管理者分配的任务，努力贯彻执行发挥组织部门的能动性。最后，各部门需要协调合作共同完成德育目标，与此同时，还要检查自己的工作，通过严格要求自身和其他部门密切合作，整体提高德育的工作质量和效率。 三是，具备全局意识。将学校视为一个整体，将德育教育视为推动学校教育全局发展的重要环节，从大局出发，立足全局，正确处理、管理过程中出现的各种问题。要做到这一点，不但要对大目标有清晰完整的认识，还要立足学校实际，此外，还应具备一定的方式方法，积极调动有生力量全力配合，围绕总体目标的实现互相合作。 四是，正确安排影响德育管理发展的各要素。校园无异于一个小社会，其中的人事、财务、设施、氛围，每个因素都会对德育管理产生影响。这就需要管理者对这些因素进行统筹安排，同时兼顾不同员工、不同学生实际需要的内在诉求，积极协调，使整个校园劲往一处使，齐心协力地为实现德育管理的目标而努力。特别是当校园资源有限时，能尽力做好平衡，使有限的资源发挥最大的效果。 （2）德育教育的管理模式。 第一，行政型管理模式。行政型就是将德育放在行政管理模式下进行。这一模式最大的特征就是采用威权强制推行德育教育。教育者和被教育者是上下级的关系，等级森严，各级言行举止有其规定范式，不得逾越。下级对上级的任何指示原则上都要无条件执行，下级几乎没有自主行动的权利。 这种模式最大的优点是高效，上级关于德育的意志几乎可以毫不费力的瞬间在整个集体中推行下去；但缺点也同样明显，首先，领导人员的专业性几乎决定了整个集体德育教育的成败；其次，下级完全丧失了机动性，容易一刀切地面对不同情况，从而造成南辕北辙的负面效果。 第二，经验型管理模式。经验型管理模式在德育教育出现之初便存在了。与行政型不同的是，经验型的德育教育模式主要依赖于学校领导的经验。这种经验来源于他们的人生经历，或来源于他们的知识，可以肯定的是他们的经验一定带有主观色彩与个人色彩。从某种程度上来看，他们的经验也都相对固定，因而这种模式下的德育管理模式虽然是以主观的经验为基准，但仍然能够呈现出相当稳固的运行模式。领导经验的适宜与否也将长久地影响单位的德育管理效果的好坏。现代社会的发展已经迈入全新阶段，故对经验型管理者也提出了更高的要求。现代的经验型管理者必须兼具科学素养、人文素养、大局意识。必须对德育教育发展的方向有清晰而准确的预判，对手下推动德育教育发展的工作人员要给予足够的重视，对在德育教育中的各种突发情况要有足够的处理能力。

类别	内容
德育教育的管理	经验型管理有其优势，优势就在于管理者本身的经验的可靠性。然而，缺点也非常明显，任何人的经验都是基于特定的时间地点体验的综合体，因此都不可避免地带有这样或那样的局限。要突破这种局限，就必须懂得具体问题具体分析。 　　第三，科学型管理模式。在 19 世纪末 20 世纪初，诞生了一种新型管理模式即科学型德育管理模式。科学型德育管理模式，利用科学理论对学校管理对象进行调查、测量、实验、统计、分析，并有效地分析管理过程的影响因素，从而发现管理对象和管理过程间的关联，以关联作为依据运用科学的管理方式进行决策管理。 　　综上所述，行政型德育管理模式、经验型德育管理模式、科学型德育管理模式都具有各自管理模式的优势和不足，不能一刀切地认为，哪种管理模式最好，哪种最不好，应该在学校实际的管理过程中，具体分析实际情况，结合各个管理模式的优势开展学校管理工作

3.核心素养形成的保障——考评

考评即考试评价，是教育教学的指挥棒，它直接决定教师学科教学的方向和内容。

（1）考评的理念

第一，建立学业质量标准。建立学业质量标准，实现一致性。考评在方向、内容上应与教学一致，教、学、考、评如果不能保持一致，教学就会陷入无序的状态，教学质量自然无从保证，核心素养的形成更是无从谈起。

第二，建立学生核心素养的评价体系。考试评价按照功能和时间的不同可以分为过程性评价与终结性评价。其中，过程性评价指的是在日常教学中对学生学习状况的评价，主要用于了解学生学习的表现，目的在于诊断、反馈、纠正和督促。核心素养形成的关键在于过程，在于平时，在于积累。因此，教师要强化过程性评价的反馈与纠正功能，让评价服从并服务于教师的教学和学生的学习以及学科核心素养的形成。不能用考试来干扰教学，而应用它来诊断教学、改进教学、服务教学。

终结性评价指的是当一个模块或一门课程学完之后对学生达到的学业质量水平的评价。在初中阶段，终结性评价主要用于学分认定、学业水平认定以及学校招生录取。要以核心素养发展为主轴，以学业质量标准为纽带，设计不同学习阶段或表现水平的评价任务，综合多种形式的日常性评价和终结性考试，构建考查学生素养发展的相对完整的评价体系。将这种评价体系和学科教学过程相整合，可以构建一个促进学生核心素养发展的评价、反馈、反思、改进和提升的持续性过程。

（2）考评的重点

第一，提升核心素养的试题形式。试题的命制包括立意、情境、设问三个方面，立意是试题的考查目的，情境是实现立意的材料和介质，设问是试题的呈现形式。

一是，立意。要从关注碎片化、固定化的学科知识技能的习得，到关注复杂、不确定性的学科问题的解决；从关注对书本知识的理解、复制、反应，到关注个人对知识的建构、解读、感悟；从关注学习的内容，到关注如何学习和学会学习。

二是，情境。核心素养的形成离不开情境，核心素养的考查也离不开情境。应对各种复杂的、开放的现实情境，不仅是学生核心素养形成和培养的途径和方式，也是评价学生核心素养发展水平的重要依托。

三是，设问。问题不仅是素养形成的载体，也是素养测评的载体。人的能力特别是思维能力只能在解决问题中表现出来。

第二，加强推进综合素质的评价。综合素质评价主要反映学生德、智、体、美全面发展情况，是学生毕业和升学的重要参考。建立规范的学生综合素质档案，客观记录学生在成长过程中的突出表现，注重社会责任感、创新精神和实践能力，主要包括学生思想品德、学业水平、身心健康、兴趣特长、社会实践等内容。严格程序，强化监督，确保公开透明，保证内容真实准确。从评价的类型和方法来看，综合素质评价采用的主要就是表现性评价和成长记录评价[1]。

二、核心素养的理论依据

（一）核心素养的理论观点

1. 知识论

一个人的核心素养有着很大的发展空间，教育以及自身的努力是最主要的，

---

[1] 刘西佳. 以全员导师制推动学校综合素质评价 [J]. 上海教育，2023（Z1）：83-84.

也是最基本的途径。对于核心素养的培养，通常是以学科内容知识为基础的，并以其为载体，在对知识的学习中，促进对学科核心素养的意识，形成对学科核心概念、规律、原理等的理解，能力、态度等的获得，从而达到对学科核心素养的理解与构建。任何教学活动，都是以一定的知识的传授与学习为基础的，这也是学校教学模式的基本形式。

随着教育理念的不断完善以及教育改革的逐步推进，我国学科知识教学内容也发生了相应的变化，其内涵也更加丰富与多样化，而以学科本位到以素养本位的转变，是当前素养教育的本质特征。尽管素养教育被提升到了一定的高度，但这并不代表对知识地位的忽略，相反，学科知识仍被作为教学最基本的形式。

以学科知识为基础的核心素养的培养，首先，通过课程化的知识教学过程，将以认知价值为核心取向的知识学习与智力发展相统一；其次，注重学生学科思维能力的培养，与此同时，还需要加强学生对学科特征的理解。在此基础上，促进学生学科核心知识、核心观念、方法等多方面的建构与发展。

核心素养与学科知识相互促进，互为统一，核心素养的培养以学科知识为基础，主要是学科知识中核心知识的学习，同时进行学科观念、思维、态度培养。从教学的任务来看，教学的一般任务是引导学生能动地学习，掌握基本的知识与技能，同时具备灵活运用的能力，这也是其他任务得以完成的基础和前提。

2. 认识论

知识建构理论成为核心素养培养的理论基础。生活在社会中的人，或多或少都会有一定的生活经验以及所学知识的积累，并自觉或不自觉地会将其运用于新知识的学习及能力方法的获取。对于核心素养培养而言，核心素养形成的过程，可认为是意义建构的过程，其中已有经验或观念是基础。教师的作用不是忽略学生已有的经验或知识，对学生进行新知识的传授，而是应该充分考虑学生对已有知识的掌握。由此可见，建构主义学习观强调学生的学习，是建立在已有知识或经验的基础上，进而对外部知识意义理解的过程。对已有知识向新知识的转化，需要不断调节原有的认知结构，使其被新知识所接纳。而新知识的形成，对于原有知识结构的改进与发展，同样有着积极的促进作用。建构主义指导下的核实素养的培养，可从以下几个方面来实现。

（1）以学科问题情境为教学活动方式

核心素养是知识与能力等的统一，而以学科教学为基础的核心素养的培养，重在以学科问题情境为背景，引导学生培养在具体情境中解决具体问题的能力，而非依靠传统的教师传授。而这一观点，恰好符合建构主义者所秉持的情境性认知观点，强调学习、知识、智慧的情境性，认为知识是不可能脱离活动情境而抽象存在的，学习应该与社会化的情境活动结合起来。传统的学校教育奠定了知识传授的基础，而能力的获取以及思维能力的提升，仅凭教师的传授无法真正实现。通过参与性的实践所达到获取学习和巩固某种能力、方法等的有效性，远大于从书本或演示中获取。思维能力的培养与提高，取决于学生解决具体问题时方法策略的选择、应用以及对行为过程、行为结果的反思。无论是知识的获取，抑或是知识的运用，既来源于实践而又离不开实践过程的体验。在具体情境中通过尝试、小组协作以及不断地思考；学科学习方法的掌握，同样与实践关系密切，在是具体情境中，面对所解决具体问题时不断反思的结果。建构主义主张"抛锚式教学"，即在教学过程中，教师应善于创造与现实相似的情境，引导学生对相应的问题情境进行探讨，培养学生对问题情境的建构，促进思维能力的发展。

（2）以探究式学习为教学活动方式

在我国当前的学校教育中，课堂教学是学生学习知识内容最主要，也是最基本的形式。课堂能够为学生提供系统地进行学科知识学习的机会，便于学生对系统知识的掌握。但与此同时，我国课堂教学也存在以教师讲授为主，而忽略学生在学习中的主体性，忽略对学生探究性思维能力的培养这一主要问题。教学过程不应该以知识传授的多少为衡量标准，而更应该以学生对知识的理解、吸收，乃至掌握程度为主，这一教学过程的实现，离不开探究式教与学的过程。建构主义指出探究式学习过程是以问题为导向，通过发现问题和解决问题而建构知识的过程。由此可见，探究式学习的开展离不开问题情境的创建，而且所创建的问题情境必须是与所学内容相关的、有意义的。

另外，创建有意义的问题情境，与教师的探究意识及能力有着直接的关系。需要教师强化探究学习的意识，合理设计探究过程，既要结合学生的实际状况，以及知识水平，又要与生活实际密切相关，将探究活动的难度控制在合理的范围内，避免问题超出学生的能力给学生，而让学生望而生畏，挫伤学生学习的积极性，抑或是问题设置得过于简单，达不到提升学生探究思维能力的效果。在这个过程中，教师要通过设置一系列的合理问题，并以问题链的形式将这些问题串起来，用于指导学生的探究，促进学生素养的构建。

综上所述，探究式学习的过程，离不开与他人的互动与沟通，因而，探究的过程同样也是合作交流的过程，是一种对话式的实践过程，是参与探究活动的学生，针对探究的主题或是某一问题，与同伴、教师展开合理的对话，促进问题解决的思维过程。对话的过程同样需要教师运用教学的智慧，进行科学合理的引导。在学校教育教学过程中，教师需要在程序性学习的基础上，对探究式学习方式给予适时引导，通过探究性学习，培养学生的思维能力及解决问题的能力，从而促进学科核心素养得到锻炼。

（二）核心素养的教学观分析

1. 树立"立德树人""以生为本"的教学观

所谓立德树人，就要求教师在面对作为教育对象的学生时，首先需要明确教学的关键在于人的培养，教学活动的开展应围绕学生的个性自由而健康发展，教学服务于学生的成长成才。对于学生而言，其个性自由和健康发展应该以良好的道德品质为前提，而这正是核心素养导向下教学的重点。所以，重建核心素养导向的教学，必须坚持"以德树人"的教学观。

"以生为本"也是现代教育理念，即以学生为中心。是指在教学活动中，教师应关注学生，尊重学生的个体差异，根据学生的特点及兴趣特长、能力水平等，制订不同的教学内容，鼓励学生自主学习，充分挖掘学生潜能，以促进学生全面、均衡的发展。具体可从以下几个方面进行探讨。

（1）教师需要在观念上进行转变

对于教学而言，知识的传授和能力的培养对于成绩的提升固然重要，但是这些成绩必须服从于学生的健康和幸福。健康，不仅仅是身体健康，健康应该包含更为广泛的意义，即心理健康以及良好的品质。因此，教师在教学活动中，以学生的健康为前提，注重将学生良好道德品质的形成与知识的传授相结合，这就要求教师以学生为中心，全面了解学生的实际情况与需求，尊重学生个体差异性的存在，对不同学生采取不同的教学方法。作为教师既要鼓励及要求学生学好知识，与此同时，还应该尊重并爱护学生，善于发现学生的优点和长处，尤其应注重对学生潜能的挖掘。

（2）理解学生发展的顶层设计就是核心素养，它是实现"立德树人"根本任务的价值所在

教师的任务不仅是教书，更为重要的是育人。教师要关注学生，全面了解学生，发现学生的优点和长处，弥补学生缺点与不足。教师应该明白，教学的真正目的是育人。不同学科的性质及内容，所含知识均有所差异，但是育人的使命和任务是一致的。教师应该明确这一点，牢固树立育人的理念。教师应该明确核心素养的要素和内涵，在教学中形成自己独特的教学风格，并将核心素养融入教学特色。

（3）对于学科核心素养，要有正确清晰的认识，尤其是对于实施核心素养教育的本质意义

在此基础上，教师才能更好地、更自觉地将学科核心素养融入教学，了解学生的真实状况及学习情况，尊重并宽容学生，在此基础上，形成自己的教学智慧与教学风格。只有这样，才能真正落实基于核心素养的新课标精神，也才能提高教师基于核心素养培养的教学能力。

（4）基于学情分析，这是开展有效教学的前提

只有真实准确的学情分析，才能保证教学活动的开展更有针对性。学情分析的对象主要是学生，因此，对学情的分析主要包括对学生学习的起点状态、潜在状态进行分析。对于学生起点状态的分析可以从三个维度展开，即知识维度，主要是学生对基础知识的掌握与认知；技能维度，主要是指学生已具备的学习能力；素质维度，指学生的学习习惯。

而对学生潜在状态的分析，即学生的潜能。也可以从三个维度来理解。首先，知识维度，即学生知识潜能，主要根据学生已有的知识基础、原认知结构，学生的情感和发展需要来分析；其次，技能维度，即对学生知识技能、过程与方法、情感态度与价值观方面所具备的能力分析，包括能力层次及状态；最后，

素质维度，即对学生的学习习惯的分析，学生的学习习惯是怎样的，根据习惯选择更有效的学习方法，基于学生的学习习惯，课堂教学可能生成的能够促进学生学习的资源等。

2. 树立"学科本质"的教学观

学科核心素养导向下的教学，还应该树立"学科本质"的教学观，需要教师了解和掌握基于核心素养的课堂教学方法，在对学科本质了解的基础上，梳理学科核心素养与学科本质的关系，以及探讨如何在学科核心素养导向下进行科学教学，彰显学科教学的独特魅力及育人价值。要做到促使教学活动从教学转向教育层面，需要教师做到以下几个方面。

（1）对于学科素养要有客观准确的认识

明白核心素养与学科教学任务之间，既有联系，也有区别。核心素养培养的着眼点，也并非学科教学任务的分解。而应该是立足于教学全局，将核心素养定位为学生应对复杂问题所必须具备的解决问题的能力和品质，这也是学生适应终身发展及社会发展需要不可或缺的关键能力和必备品质。在教学过程中，教师要发扬伯乐精神，独具慧眼，善于捕捉、发现并利用学生的优势、特长、经验、创意、见解，乃至问题等，都可能成为教学的生长点。作为教师，要不断丰富教学资源，尤其需要开发学生身边的资源；对学生实践能力的培养，让学生在实践中锻炼并提升能力；另外，还要广泛利用校内外场馆的资源——学校图书馆、实验室、课程基地、运动场等及校外科技馆、博物馆、农业科技园等；处于信息时代的今天，教师还应该鼓励学生充分利用网络资源，丰富自己的学习经验，利用互联网丰富的资源，扩大视野，开阔眼界。

（2）只有在"学科本质"教学观的引导下，教师才能够深刻认识教学的实质，真正领会核心素养导向下的教学育人价值

教师要为学生的自主学习与探讨，营造良好的学习氛围，借助多种教学手段与方法，引导学生自主地进行能力锻炼。此外，教师应注重对学生兴趣的塑造，在教学活动中，努力培养学生的兴趣，为其将来的发展奠定基础。

（3）树立"学科本质"的教学观，要求教师明白，教学的真正目的在于使学生掌握"解决问题"的能力，这也是学习的本质

在以核心素养为导向的教学过程中，教师应该灵活选择并调整教学内容，根据学生的特点及需求，以及教学现状，及时变革教学方法及模式。而要实现这一改变，教师是关键。教师必须回归教学本质。唯物辩证主义的发展观，告诉我们世界是变化发展的，任事物都处于变化发展之中，教学活动也是如此。教师在这个过程中，要发挥自己的教学智慧，引导学生发展问题、探讨问题、解决问题，只有这样，才能保证教学活动从讲授为主向以学生的自主学习为中心的转变，这也为以学生的学习为中心的教学设计奠定了基础，从而保证教学活动真正围绕学生而开展[①]。

总而言之，意识对行为有着一定的引导作用，正确的观念是行动的指南，核心素养导向下的课堂教学，必须树立科学的教育观念，并保持观念的与时俱进。只有在观念上注重更新与转变，以核心素养教育观引导教育活动，才能保证核心素养与教学目标的有机融合，让学生的核心素养在教学中得到培养。

（三）核心素养理论的重要意义

核心素养是对新时期教学目标及任务的科学化与具体化，是新的时代背景下对教育所培养人才的美好憧憬。对于教师而言，核心素养的提出只是为他们的教学指明了方向，他们更关注的是如何在教学中落实核心素养的培养问题。而对于核心素养理念的教学意义的认识和理解，也需要教师对其有一个客观而全面的认知。

1. 核心素养理论的现实意义

（1）核心素养理论是教学目标的科学化和具体化，因而为课程的设置指明了分析，成为课程设置的重要依据

对于传统教学而言，课程内容的设置一般是教师根据学科逻辑来确定，针对学科特点及知识结构，以及学科发展逻辑为主线而设定的课程内容与教材编纂，在路径的选择上相对明确，但是随着时代的发展及教育改革的进行，课程

---

① 曾海东.以核心素养为导向的初中数学教学策略的实践与思考[J].考试周刊，2019（85）：77-78.

设置在内容的选择上也更为丰富，难度也逐渐提升，但是对学生的发展价值没有确切的保障。

教育的根本在于促进学生的能力与品质的发展，显然，传统的课程设置并不能很好地促进教学目的的达成，这就需要教师及教育工作者转变教育理念，更新课程设置观念，将知识在学科中的意义，转向知识在核心素养培养中的意义作为课程内容的确定依据。换言之，课程内容的设置需要围绕最大限度地促进和提升核心素养相关的一系列知识来进行，只要这样，才能免去不必要的、对学生成长意义不大的课程内容，从而在有限的时间里获得更多、更有价值的知识，调和教学时间有限与知识学习无限之间的冲突。

在核心素养理论的指导下，课程内容的确定与教材编撰，也将发生根本性的变化，主要表现为，转变了过去单纯以学科知识体系为依据的路径，为兼顾以促进学生核心素养的形成为依据的路径，这既符合现代教育的根本目的，也更有利于促进学生的发展，能够为学生的发展提供有力保障。由此可见，核心素养是课程内容选择的重要依据。在此基础上进行的课程内容的设置、教材的编纂等，才更有教育价值及意义。

（2）核心素养理论指导教师的课堂教学

在教育改革的不断推进中，核心素养的提出，顺应了教育改革的趋势。在核心素养理论的引导下，教师不再沉浸于厚重的书本、疲惫于繁重的练习，而是透过书本和成绩，看到教育的实质，即人的发展，以及教育育人的目标。尽管分数与学生的成绩有着一定的关系，在一定程度上能够反映学生对知识的掌握与运用能力，但这并不是教育的终点，教育应该在促进学生掌握知识的基础上，促进学生能力的提升及全面发展。目标是前提，教材是辅助，学生的关键，这样才能保证教育发展的正确方向。从知识本位转向核心素养本位，是课程改革的质的深化与升华。

2. 核心素养理论的超越性意义

核心素养理论的超越性意义，主要体现在以下几个方面。

（1）教学的教育性

教学的意义在于向学生传授基本的文化或内容，并让学生掌握。可见，教学是一个相互交互的过程，需要教师和学生共同参与。教学的主要目的之一是帮助学生习得文化内容，同时还需要注重培养学生的人格和全面素质，使他们能够更好地适应社会和生活。因此，教学必须具有教育的性质和功能。通过教育性的教学，教师可以让学生更好地认知世界、理解生命、掌握生活技能、完善自我等，促进学生的成长和发展。此外，基于核心素养的定义，其既包含关键能力，也重视必备品质，因而，核心素养理论对于教学而言，有着积极的意义。此外，从教学过程来看，教学的过程是向学生传授知识与技能的过程，从一定程度而言，也可以理解为是向人传递生命气息的过程。无论基于哪一种理解，人都是教学的关键，人的发展才是教学的价值所在。因而，对于学校教育而言，课堂教学是学校教育最主要的形式，理应顺应时代发展的要求，尊重学生个体，将学生的发展视为教学的价值所在。从这个意义上来看，教学目标的达成，不应该只是教学方法、技术层面的改变，其关键在于教育观念的变革，即尊重学生的个体性，要让学生成为真正的自己，而非被概括、被物化的抽象的人，这也是教育性的体现。

（2）教学的在场性

在教学活动中，教师的教与学生的学，是相互统一的，是教学过程中很重要的一组关系。相对而言，学生的学更应该得到重视与强化。换言之，教师的"教"，是为了学生更好地"学"，教是为学服务的。建构学习理论认为，学习是对知识的意义的建构过程，而这不是依赖教材和教师所能够实现的，必须通过学习者自身的努力，才能达成。换言之，学生个体是关键，即教学是学生个人"在场"才能真正地发生。由此可见，学习离不开学生的参与，否则，学习活动便不会发生。核心素养理论重在学生能力及品质的培养，引导学生通过自主学习，而去发现知识、解决问题，并把发现了的知识通过"经验的能动的再建或者统整"视为真理，这种被视为真理的知识，被英国哲学家波兰尼谓之"默会知识"，这种知识的获得，意味着"在场"学生对知识的真正学习和理解。

（3）教学的交互性

教学应是师生双向互动的过程，而非教师的一言堂，这是传统教学活动亟待解决的问题。核心素养理论的提出，符合现代教育的要求及理念，强调学习共同体的创建，意在教师与学生间形成多维互动的关系，促进师生间、学生间的交互，不仅如此，还强化了个人知识和学科知识的对话互动，使教学过程成为知识创造的过程，从而使得知识的学习更加灵活，也为学生综合素质与能力的培养营造了良好的教学环境。

第二节　初中数学教学原理与课程性质

一、初中数学教学原理阐释
（一）初中数学教学的理论依据
1. 信息传播理论

人类对信息传播理论的研究开始于 20 世纪 40 年代，研究的内容是从"新闻传播"转移到"信息传播"。信息传播理论的核心部分是信息传播模式。信息传播模式有很多，这里主要介绍拉斯威尔（H.Lasswell）的"五 W"论和贝罗（D.Berlo）的传播模式。

（1）拉斯威尔的"五 W"论。拉斯维尔认为，要了解什么是传播，只需回答"五 W"，内容如下：

Who——谁，即教师或其他教学信息源。教师负责提供和发送教育信息，担当译码者、解释者和编码者三重角色。

What——教学内容，即教育信息。教育信息是系统的知识和经验。教育信息本身不能直接传递，必须借助一定的物质形态。它显示着教育传播特点与功能的基本要素以及教育传播系统各要素之间的相互作用。

Which——通道和媒介。通道是指教育信息形成后通过哪种教学渠道，由一方传送到另一方所建立的联系方式。媒介是教育信息的载体，是通道中的重要成分。

Whom——教学对象，即受教育者。受教育者是施教的对象，也就是教育信息的接受者，学生在一定的程度上是与教师对等的主体，因此，学生同样担负着三重角色，承担接受教师知识信息，并接受和收集其他教学信息，对信息进行加工，实践应用和有意识地反馈等任务。

With——达到怎样的教学效果。可以把教学效果理解为教学者所传递的教学内容到学习者而引起学习者思想、知识结构等的变化。

在信息传播的过程中，这些要素具有十分重要的价值，对教学设计来说也同样重要。例如，教师如何设计教学过程、如何安排教学内容、制订教学方案、如何使用多媒体开展教学等。"五W"模式虽然与教育传播的过程具有相似之处，但是没有重视教学过程的反馈，也没有在各个要素之间建立有效的联系。

（2）贝罗的传播模式

这一传播模式对传播过程进行分解，确定了四个基本要素：信息的来源、信息本身、传播渠道和途径和信息接收者。贝罗的这一传播模式说明了影响和决定信息传播速度及效果的因素是多种多样的，不同的因素之间有着千丝万缕的联系，但也彼此制约。

人类的传播活动从未停歇，而且传播范围十分广泛，教学就是传播知识的活动，但传播并不单单只是为了教学。人们在解释教育的传播过程时，经常使用贝罗的传播模式，这一模式有利于深入研究教育传播过程，为研究变量设计提供相应的参考。

2. 现代学习理论

行为主义学习理论将学习定义为通过某种方式给予学习者相应的刺激，从而让学习者做出某种反应的过程，在刺激和反应之间建立联系，并不断加强这种联系。行为主义学习理论观察和研究客观行为，并采取各种方式强化学习者的行为，这深刻影响了教学设计，但行为主义理论也具有不足之处，它认为学习是被动的，忽略了人的主观能动性，因此逐渐被淘汰，认知主义学习理论逐渐取而代之。

认知主义学习理论包含多种学习理论，以布鲁纳、奥苏伯尔、布鲁姆、加涅为代表，重视个人主观能动性的作用，认为其在学习过程中发挥着巨大的作用，并主张将心理研究和个人行为研究相结合。布鲁纳的发现学习理论提出，每个人的认知结构都不同，人们在学习时，会在自身认知结构的基础上改造新的知识和经验，然后形成新的认知结构，在这一过程中，学生不是被动的，而是主动对信息进行加工，主动学习。加涅提出了累积学习理论，也叫学习的层次理论，他认为学习的过程有八个阶段：学习动机、领会、掌握知识、保持、回忆、概括、作业、反馈，教学过程中的各项工作与上述八个阶段可以对应起来，教师在这一过程中主要负责指导学生。

建构主义学习理论提出学习者会利用自身已有的知识体系，在创设的情境中与客体交流和互动，从而构建个人心理意义，在这一过程中，学习者具有主观能动性，学生是认知的主体，教师起辅助和指导作用，这一学习理论是在认知主义的基础上发展起来的。20 世纪 90 年代以后，建构主义受到越来越多人的认可，运用建构主义理论开展教学，强调学生是课堂的中心，注重师生之间的互动。

人本主义学习理论的代表人物是马斯洛和罗杰斯，他们认为教育的作用是为学习者提供一个心理环境，这一心理环境是自由的，具有一定的情境，并且认为人可以充分发挥自身潜力，教育只是辅助，坚持以人为中心：教学目标就是为了实现自身价值，在教学过程中让学生自由发展，且秉持信任和相互理解的教学原则。教师应该根据相应的教学理论，在实践中不断探索，才能了解教学的具体内容和意义，教学理论都是数学教学设计的指导思想。

（二）初中数学教学的功能作用

学校开设数学课，并不只是为了培养数学人才，这不是数学教学的根本目标。目前，大多数人都认可，数学教学是为了培养学生思考问题和解决解决的能力，促进学生的逻辑思维发展，提高综合素质。具体来说，小学和初中阶段的数学与学生的生活实际密切相关，引导学生运用数学思维去解决生活中的问题，让复杂、抽象的数学题目变得更加贴合实际。

学生一方面可以掌握数学知识，另一方面也能提高综合素质，全面发展。下面从三个方面出发，对数学教育的作用进行分析。

1. 研究数学能够健全学生的心理素质

一个人将来的成功或失败并不完全由智商高低决定，心理素质发挥着更重要的作用。换句话说，只有具备良好的心理素质，适应周围的环境，才能在学习、生活和工作中更加从容，心理素质具有调节和平衡的作用，对人的整体素质发展意义重大。

数学是抽象性较强的学科，学生在解决数学问题时难免遇到困难，心理上不得不经受种种考验，这有助于学生形成良好的心理素质。

2. 感知数学能够增强学生审美意识

数学能够提高人的理性思维能力，每个人都必须具备一定的数学素质。比如勾股定理，这一简简单单的公式就概括了直角三角形三条边之间的关系，表现了理性美。

3. 新课标下初中数学教学的育人功能

新课标突出强调了德育教育，数学教学的重要任务是根据学生的实际情况，运用数学教学内容提高学生思想品德，帮助学生树立正确的世界观、人生观和价值观，这说明在整体教育教学中，德育具有不可撼动的地位，在新课标的要求下，数学教育面临着更严峻的考验[1]。

（1）教授学生数学史，提高学生综合素质

每一项数学成果都来之不易，有着曲折的历程。在人类几千年的文明发展史中，数学史是非常重要的一部分，相比于其他自然学科，数学具有自身的特色和魅力。这说明数学需要长期积累，也记录了历史，也可以说在现在或未来都可以发现数学过去的影子。了解和学习数学史，能够帮助学生开阔眼界，激发学生学习数学的兴趣。我国古代数学取得了一系列辉煌的成就，有许多数学家的故事就是很好的教育素材，激发学生的爱国精神和学习的动力，让学生产生油然而生的自豪感。

（2）通过数学教育培养学生的审美能力

数学的审美价值是比较隐晦的，人们很难发现它的美，对中学生来说更难，他们的人生经验、知识水平和审美受等方面具有一定的局限性，无法充分感受到客体内在的美和价值，因此需要教师对学生予以引导，向学生展示更多的审美内容，让他们感受到数学蕴含的理性美，从而培养学生创造美的能力，促进

---

① 袁克恩. 新课标下初中数学教学目标的功能 [J]. 学周刊，2015（30）：85.

智力发展，成为综合素质全面发展的人才。

（3）以数学中的唯物辩证法育人

数学是研究空间形式和数量关系的一门科学。虽然在纯粹的数学知识中，并不带有明显的德育色彩，但我们知道唯物主义和辩证法是科学世界观的核心部分，而任何数学知识的形成都离不开对客观世界的探索。例如，正与负、有限与无限、常量与变量、函数与反函数、数与形都是灌输对立统一、否定之否定、量变与质变等辩证思想的极好教材。同时，实数与虚数的关系亦如此，它们既对立又互相依存，没有虚数就无所谓实数，它们又统一于复数之中。而且在一定条件下，实数与虚数可以互相转化，实数 b 乘以 i 转化为虚数，虚数 bi 再乘 i 又转化为实数。客观世界是一个运动、变化、发展的对立统一体，作为反应客观世界数量关系变化规律性的数学，必然充满着辩证法。因而，中学数学中蕴含着极其丰富的唯物辩证法因素。以正确的观点阐述教学内容，不仅有利于学生对数学知识的掌握，而且有助于科学世界观的形成。

（4）利用数学的严谨性教育学生

数学学科具有逻辑性和抽象性的特点，在界定概念、运用原理和验证结果等方面要求比较严格。数学中最常见的是数字和各种图形，每个数字都是确定的，图形也要求完美无瑕，不能出现误差，所以学生在学习数学的过程中要努力做到不让自己出错，严格要求自己，一丝不苟，而且做事情要有理有据、符合逻辑。所以，获得数学知识并不是学习数学的根本目的，学习数学最主要的目的是培养逻辑思维能力，学习数学精神和思维方法，提高自身素质，在今后的学习、工作和生活中加以运用。

总之，只有具备丰富的知识，并且人格完善，具有良好的心理素质，才能称得上是全面发展的人。在数学教学中融入德育教育内容，在潜移默化中对学生的思想和素质产生影响，这一过程是循序渐进的，要注意可行性，并长期坚持下去。根据学生的知识水平和思维方式，在无形中影响学生，既提高学生的智力能力，又能培养学生良好的道德素质。

二、初中数学的课程性质

义务教育阶段的课程设置，要兼顾到全体学生。课标中罗列的数学课程内容，最终目的都是为了培养将来能够更好地适应社会的人才。因此，凡是烦琐、陈旧的内容，脱离社会发展实际、不符合学生身心发展特点的内容，不利于促进学生发展的内容等，都应该被舍弃，比如一元二次方程的课程内容，学生应该掌握一元二次方程的解法、多做几道题，还是应该学会运用一元二次方程解决生活中的实际问题。

此外，接受义务教育的学生中就隐藏着未来从事数学研究的专家，接受什么样的数学教育，他们就会形成什么样的心理和智力能力，换句话说，如今的数学教育关乎这些学生未来的职业发展及取得的成就高低。

（一）数学课程力求提升基本的数学素养

在小学和初中阶段，数学课程应该努力提高学生的基本数学素养，基于这一点，凡是能够提高学生数学素养的内容都是数学课程教学的重点，如数学知识和技能、运用数学的能力、思维方法等；而学生学习数学也主要通过相应的教学过程。但有些内容也不具有普适性，不是必须学习的内容，如某些特定的技能和技巧；与之对应的是某些为了应付考试而开展的教学活动就不是学生学习数学的有效途径。

比如与三角形性质相关的课程内容，对大多数学生来说，是应该多学习如何证明三角形，掌握各种技巧等，还是应该学习一些通用的基本方法，掌握证明的过程等，这也是十分明确的。

需要注意的是，未来走向社会的人才需要具备什么样的数学素养是一个需要深入研究的问题。通常来说，课程标准中要求的基础知识和技能、思想方法和能力等都是基本数学素养的重要组成部分，除此之外，能够运用数学解决实际问题、形成良好的思维习惯、正确看待所学的数学内容等也是基本数学素养非常重要的内容。

（二）数学课程的学习过程要利于学生可持续发展

学生在小学和初中阶段学习的课程内容应该属于第一阶段的学习，具有系统性的特点，这一阶段的教育结束以后，学生将来选择继续学习或就业都会进一步发展，从这个意义上来看，义务教育阶段的学习具有基础性作用，能够让学生持续发展，在数学课程的学习方面，首先课程内容要注重基础性；其次，在学习数学的过程中，要促进学生进一步发展。所以，学生应该掌握学习的方法、学会分析和思考并与他人合作，此外还要能够认识问题，对问题进行分析，解决生活中的实际问题，以上这些内容都是学生数学学习的重点。

有些学习方式不符合要求，应当慎用，比如让学生反复操作，达到熟练的程度，让学生做大量的练习题，解决同类问题或分类记忆等，这些学习方式都是机械的，对学生来说比较枯燥。这样的学习方式和学习过程会让学生对数学失去兴趣，不利于提高学生的思维能力，更有可能打击学生的自信心，使学生的意志力薄弱。

第三节　初中数学核心素养与数学思维

一、初中数学核心素养

"数学学科从学生上学开始即伴随着他们，是小学到高中乃至大学都要学习的一门重要课程"[1]。学生学习的不仅仅是数学知识，更重要的是要学会用数学的直觉去感受身边的事物，用数学的思维去处理日常生产及生活中遇到的问题，而这正是数学核心素养的真正内涵。数学核心素养是数学思想方法的物化形态。累积数学素养的过程是一个将知识提升为智慧的过程。数学核心素养与数学思想方法有着密切的联系，是数学思想方法作用的结果，也就是以数学的眼光观察世界，以数学思维思考世界，以数学语言描述世界。相应学段的教育过程中，逐步形成的适应个人终身发展和社会发展需要的必备的品格与关键能力，认为数学核心素养就是数学学科中的必备品格与关键能力。由此可见，

---

[1] 周春堂. 浅议数学核心素养[J]. 中国高新区，2018（22）：100.

对于数学核心素养的定义，不同专家有不同的看法，但都有一个共同的指向，那就是数学对人的生存与发展的作用。

事实上，对于一线数学教育工作者而言，或许不需要纠结于数学核心素养的定义。核心素养作为一种新理念，是建立并延续在以往教育理念和思想基础之上的，是继承中的发展。由此可见，应清楚数学核心素养所包含的内容，才能以此来指导日常数学教育教学工作，才能更有效地进行教学实践，以促进数学核心素养在课堂教学中落地。

（一）初中数学核心素养的内容

对于数学核心素养的内容，除了数学本身的知识、能力、方法、思想外，还涉及人的成长过程中，作为一个社会个体不可或缺的基本素养。国际学生评估项目（PISA）指出数学核心素养包括交流，数学化，表述，推理和论证，设计问题解决策略，运用符号的、正式的、技术的语言和运算，使用数学工具等七个方面。《标准》提出数学核心素养（即《标准》提出的十个"核心词"）包括：数感、符号意识、空间观念、几何直观、数据分析观念、运算能力、推理能力、模型思想、应用意识和创新意识。可以看出，这十个"核心词"所表达的内涵与 PISA 所表达的是相通的，也可以认为，这些内容应该是课标组专家们所认为的初中数学学科核心素养。

从数学学科自身内部提炼概括出学生在数学领域发展所需要的核心素养。但教育的本质是使学生得到全面的发展，影响一个人的数学素养，元认知能力不可欠缺。换言之，学生对数学的兴趣与向往，学习数学的个性品质，他在应用数学中所表现出来的个人修养会影响他的人生态度。与此同时，人的社会属性，影响一个人是成长为促进社会发展的人还是成长为精致的利己主义者。事实上，从核心素养的定义也可以看出，"必备品格"与"关键能力"是构成核心素养的关键要素，是所有学科核心素养的基础。因此，缺少数学情感态度或数学个性品质的数学核心素养是欠妥的，至少是不全面的。

综上所述，观点和初中数学教育教学的实际，初中数学学科要由学科教学走向学科教育，以发挥学科育人的功能，初中数学核心素养应包括数学知识、数学能力、数学思考、数学思想、数学态度这五个方面。可见，数学课程能使学生掌握必备的基础知识和基本技能，培养学生的抽象思维和推理能力，培养学生的创新意识和实践能力，促进学生在情感、态度与价值观等方面的发展。

对于初中数学教育而言，如果数学教育不能培养人在情感、态度与价值观等方面发挥积极的作用，那么培养出来的将只是在数学智力上得到良好发展的人，要培养对社会发展有推动作用、对社会建设有价值的人才。

（二）初中数学核心素养各要素间的关系

数学知识作为数学核心素养的基础性部分，是学生提升数学能力，学会数学思考，感悟数学思想的重要载体。数学能力包含发现问题的能力、提出问题的能力、分析问题的能力及解决问题的能力，数学能力是数学知识在问题解决过程中的外显，是数学知识作用于新的情境的表现形式。

由此可见，数学知识、数学能力不可避免地要与数学思考、数学思想、数学态度等要素联系在一起。而数学思考是指运用"数学方式的理性思维"进行的思考，它培养学生以数学的眼光看世界，从数学的角度去分析问题的素养。学生能否进行数学思考，需要数学知识、数学能力作为支撑，同时也需要数学思想及数学态度发挥积极的作用。因此，构成数学核心素养的五个要素之间是有机的整体。它们在促进人的全面发展中发挥着积极的作用。例如，有理数的减法法则，作为数学中具体的数学知识，它的内容是：减去一个数，等于加上这个数的相反数。这个知识包含很多相关的数学知识，包括数学概念，如相反数等，也包括数学运算，如减法、加法。当然，从广义的角度来看，还包括其蕴含的程序性知识与策略性知识等，如转化与化归思想。

同时，部分教师在日常教学中，往往就将它当成固定知识来教，让学生去背诵法则，却并没让学生真正明白如何用法则。有些时候虽然是进行运算了，但并不是用法则的表现；因为，欠缺数学思考的法则，哪怕用了也是死知识。学生进行运算了，也仅仅是模仿，而不是运算能力的体现，这里的数学思考，也就是让学生将死的知识、冰冷的法则，通过结合自身以往的经验，经过自身思维上的加工激活它，使它由教师的、教材的变成自己的。这就需要教师在课堂教学中创设让学生用自己的语言解释它的机会，鼓励学生用具体的例子去验证，促进知识的内化，然后再通过适当的练习进行强化、巩固，进而成为学生自身的知识。而学生在解释与运用的过程中，就会感受到减法变为加法的思维过程，理解减法变为加法的运算算理，并在这个过程中感悟其中蕴含的转化与化归的思想。

数学知识就是客观事物在数与形方面的特征与联系在人脑中的能动反映。由此可见，数学知识事实上是反映在数学领域上的知识，它包括：数学的概念和原理（包括性质、法则、公式、公理、定理等）；由内容所反映的数学思想方法；按照一定程序与步骤进行运算、处理数据、推理、作图、绘制图表等数学技能。其中，数学概念、数学原理对应于陈述性知识（或明确知识）；数学思想方法和数学技能对应于程序性知识（或默会知识），其中数学技能对应自动化基本技能，数学思想方法对应策略性知识。

（三）初中数学核心素养的主要教学评价

核心素养是学生在接受相应学段的教学过程中，逐步形成的适应个人终身发展和社会发展需要的必备品格与关键能力。因此，学生数学核心素养层级的划分与学生已有的经验水平以及认知能力相关。从这个意义上来看，应用发展的眼光来看学生数学核心素养的层级，只有这样，数学教育教学才能适应学生个性发展的需要，才能真正做到因学生的具体情况而培养与发展他们的数学核心素养。

以一节具体的课为例，来尝试分析关于数学核心素养的评价层级问题。本课是北师大版数学教材九年级上册第二章第六节第 2 课时的内容，课题是"应用一元二次方程（2）"，该课的主要内容是运用一元二次方程这个数学模型，来解决现实生活中关于销售的利润的问题。本课内容涉及三个数量关系：①单件商品实际利润 = 单件商品的实际售价 – 单件商品的成本；②实际销售量 = 原有销售量 + 变化量（当销售量增加时，"变化量"为正，当销售量减少时，"变化量"为负）；③实际总利润 = 单件商品的实际利润 × 实际销售量。

从数学知识（在这里主要是从狭义的角度，即指陈述性知识）的角度来分析，本课主要包含：一元二次方程的解法步骤、上述的三个数量关系、列一元二次方程解应用题的基本步骤等。由于学生刚学习过一元二次方程的解法，因而，在这里，从数学素养的层级性来看，解一元二次方程属于第一层级的数学知识素养。而列方程解应用题的基本步骤，学生已具备较为丰富的经验，在大脑中已留下较为深刻的印象，而且这些知识都是七、八年级所形成的，因此也可以称之为第一层级的数学知识素养。而对于上述的三个等量关系，等量关系①与学生的现实生活体验直接相关，学生可以与现实生活直接联系起来，因此属于第二层级的数学知识素养。等量关系②虽然涉及变量的知识，但学生仍可结合生活经验去理解，因而可以认为也属于第二层级的数学知识素养。等量关系③是由等量关系①与②组成的，受等量关系①与②的影响，但单纯从陈述性知识的角度来看，它的难度也不大，通过教师举例阐释，学生仍能理解，所以，可把它归于数学知识素养的第三层级。从上述的分析可以看出，本课数学知识素养的三个层次，对应布鲁姆教育目标分类（认知领域）中的知识层面，即回忆、选择与陈述等。

当然，上述的分析是基于学生对商品销售这个生活化情境有所体会的基础之上的。基于这个分析，为了在本课中达到培养学生数学知识素养的目的，应该清楚学生是否掌握一元二次方程的解法，应该创设具体的生活化情境帮助学生"回忆"上述三个等量关系的事实，应该让学生在问题解决的过程中回忆列方程解应用题的基本步骤。

从数学能力这个素养的角度来分析，本课主要包含：会选择合理的方法解出所列出的一元二次方程模型，这属于运算能力；会用合适的代数式来表达上述的三个等量关系，包括引入合适的未知数，这属于符号意识与运算能力；会根据实际问题找出问题中包含的上述三个等量关系，这属于阅读理解能力及分析问题能力；会根据问题，判断解出的模型结果的合理性，这属于发现问题的能力；在解决问题的过程中，会解释自己的思维过程，会对自己的解答过程做出合适的评价。从数学能力核心素养的层级来分析，学生刚学习完一元二次方程的解法，基本能根据不同的方程选择不同的解法，因此"解一元二次方程模型"对应的是数学能力素养的第一层级。"引入未知数及用代数式表示等量关系"，这涉及数学化及符号化的思维过程，本课中，涉及直接引入未知数与间接引入未知数的问题。因此，这个能力应属于数学能力素养的第三层级。找出问题中包含的三个等量关系，涉及数学阅读能力、抽象与概括能力、信息的加工能力等综合能力，但由于本课中问题的情境与学生的生活直接相关，对学生而言难度适当，可以把这个能力也归于数学能力素养的第三层级。

判断模型结果的合理性，不仅要检验结果是否是模型的解，而且要检验结果是否符合生活实际，有时还涉及问题中隐含条件的挖掘与运用。这个能力应属于第二层级（可直接判断）或第三层级（需要挖掘问题中的隐含条件），甚至于是第四层级。"解释自己的思维过程"，这涉及运用数学语言来表达思维的能力，不仅需要学生充分地理解问题、模型，以及探索模型的思维过程，理解他人的表达，还需要学生具有较强的语言表达与交流能力，故可认为这个能力属于数学能力素养的第四层级。

综上所述，本课数学能力素养的四个层次，对于布鲁姆教育目标分类（认知领域）中的理解、应用、分析、综合及评价五个方面，均有涉及。从数学思考这个核心素养的角度来分析，该课主要包括：会用符号及代数式表示销售量与单件商品的售价（或单件商品的利润）之间的关系；会根据单件商品的售价（或利润）的变化确定销售量的变化；在问题解决的过程中感悟模型思想，体会一元二次方程这个刻画现实生活的有效模型；理解当单件商品的售价（或涨价等）发生变化时，单件商品的利润、销售量的变化，感受这个函数关系。其中，"用符号及代数式表示销售量与单件商品的售价（或单件商品的利润）之间的关系"，涉及符号化思想与形式化思想，而当引入了未知数后，只需要将实际问题的语言转化为数学关系的语言表达即可，这需要学生对问题中反映的数学关系有数学化理解，这对于学生而言，具有较大的挑战性，因此，可认为这属于数学思考素养的第三层级。

模型思想是数学思想的核心内容之一，根据实际问题建立一元二次方程的数学模型，不仅需要学生理解问题中反映的数量关系，还需要学生具备相关的数量关系经验，如总利润＝商品的单件利润 × 销售量，这建立在学生对生活的数学化理解的基础之上，需要学生具备良好的数学概括能力、数学抽象能力与符号表征能力。同时，在模型的推广与应用的过程中，需要学生根据具体的问题抽象出数学问题，进而建立与一元二次方程相关的认知结构。因此，这个素养的层次属于数学思考素养的第四层级。由问题中反映的数量关系可知，当单件商品的售价或利润发生变化时，销售量也发生变化，这种变化关系，学生可以从问题中获取信息，也可以从对生活的理解获取，但这种关系是建立在学生数学阅读的基础之上的，这种关系是不是函数关系，需要学生对函数概念的本质（即对应）有一定的理解。所以，如果单纯从销售量与售价的关系的直观理解上来看，可以认为这属于数学思考素养的第三层级，但若从函数观念上理解这种关系，则属于数学思考素养的第四层级。

从数学态度这个素养上来分析，该课主要包括：积极主动阅读问题，并在阅读过程中主动分析问题中的已知量、未知量及数量关系；积极主动地将新问题与以往的知识及生活经验建立联系，并在此基础上经过思考与交流抽象概括出数学模型；当面临系数较大的一元二次方程时，积极主动地联想解一元二次方程的经验，合理选择解方程的方法，使数学模型得以顺利求解；在经过解决层层递进的、逐步抽象的问题序列的过程中，获取销售量与售价之间的对应关系，并在突破这一难点的过程中树立学好本课知识的信心，提高学习兴趣；在运用一元二次方程模型解决实际问题的过程中，抽象出数学模型，获得成功的体验，从而提升数学学习的求知欲；在对模型求解所得结果的分析与辨析的过程中，回到问题中去，修正错误，形成严谨求实的科学态度。

数学态度这个核心素养，需要以具体的数学知识为载体，以具体的教与学的行为的过程及结果为评价的标准。它不是从学生的数学学习中完全独立出来的，也不是空中楼阁，是可以评价的，是可以通过学生的课堂学习表现来测量的。"数学阅读"作为问题解决的第一个关键环节，不仅需要学生有阅读分析的能力，还需要有阅读的信心与兴趣，而信心与兴趣是建立在学生能数学阅读的基础之上的，是学生数学核心素养最基本也是最为核心的要素之一，没有这一要素作为支撑，本课其他素养都将成为空中楼阁，都只能是教师的数学学习而不是学生的数学学习。因此，称之为数学态度这个要素的第一层级。

"能坚持选择合理的方法解模型"，这不仅需要经验与能力，还需要分析与观察能力，需要克服计算困难的信心与毅力，这种态度，也是学习数学的必备品格，在这里可把它划分为数学态度素养的第二层级。

"主动地思考与获取数学模型"，不仅需要具备较丰富的数学知识与较强的数学思考与应用能力，而且需要学生具备一种思考、钻研与交流的学习方式与精神，而这种素养，是建立在学生以往的知识经验与认知水平、情感态度的基础之上的，因此把它划分为数学态度素养的第三层级。

"检验结果的正确性，发展批判性思维"，这是本课学习的重点之一，而发展批判性思维更是数学教育教学的核心任务之一，需要的不仅仅是能力，更需要一种精神、一种意识、一种自我提升的观念。这个内容在教学上并不困难，这也是被大部分老师所忽视的主要原因，但从数学教育教学的高度来看，从培养人与发展人的高度来思考，这是重点也是难点，是核心且是必须渗透的，所以将它划分为数学态度素养的第四层级。

从数学思想这个素养来分析，本课知识蕴含的数学思想主要是模型思想，同时在获取模型的过程中，还运用到从特殊到一般、从具体到抽象的思维方法，在分析、理解与感悟模型的过程中还用到了函数思想。

关于模型思想，《标准》的解释是："模型思想的建立是学生体会和理解数学与外部世界联系的基本途径。建立和求解模型的过程包括：从现实生活或具体情境中抽象出数学问题，用数学符号建立方程、不等式、函数等表示数学问题中的数量关系和变化规律，求出结果并讨论结果的意义，这些内容的学习有助于学生初步形成模型思想，提高学习数学的兴趣和应用意识。"这个过程也就是：现实问题—数学问题—建立模型—求解模型—解释（现实问题）。由此可见，学生对生活中具体现象的理解与体验水平，影响他们的数学化质量，决定学生能否顺利将实际问题转化为数学问题来进行思考。本课中，学生结合生活的具体经验，初步抽象概括出三个直观的数量关系：①单件商品的实际利润 = 单件商品的实际售价 - 单件商品的成本；②实际销售量 = 原有销售量 + 变化量（当销售量增加时，"变化量"为正，当销售量减少时，"变化量"为负）；③实际总利润 = 单件商品的实际利润 × 实际销售量。再通过引入适当的数学符号，将前面所得的数学模型进行符号化、形式化表示，这不仅需要学生对所学习的数学模型（方程、不等式、函数等）具有较全面的理解，还需要学生具有良好的运算能力、符号化能力。在上述的三个数量关系模型中，对于学生而言，第二个较为困难，而其中又较为困难的是"变化量"的代数式表示。因此，在教学时，常常需要教师举出较为丰富的具体的例子，让学生在解答问题的过程中发现规律，归纳方法，这需要学生具有良好的观察能力、归纳能力等。

另外，从学生数学素养发展的角度来看，单纯从解答该课问题的过程中感悟模型思想，并且运用该课的数学模型来解答相似的利润问题，仍显不足。事实上，数学模型"实际总利润 = 单件商品的实际利润 × 实际销售量"，它的本质是一个"$A=B \times C$"型的数量关系模型，这个模型虽然不是正比例或反比例关系，但它与行程、工程等问题的数量关系，在模型的结构上是相似的，虽然本质上也有区别。因此，如果教学中能引导学生对它们进行分析与辨别，那么对提升学生的解题能力是有帮助的，对提升学生的数学思维水平是有利的。而且，作为属于策略性知识的数学思想，往往只有在实践的过程中亲自动脑、动手去做，获得体验，产生领悟，才能达到学会的目的。这样，数学思想的感悟，不仅与学生的知识水平、能力水平有关，而且与学生的数学学习态度、思维品质等都直接相关。

基于以上的分析可见，数学思想应渗透于数学核心素养的每一层级。当数学思想发挥工具性作用，指导解决具体的数学问题时，它属于一、二、三、四层级，而当数学思想在影响人的思维方式，在人的成长中发挥作用时，属于第五层级。

二、初中数学思维分析

（一）初中数学思维的本质

数学思维是人脑对客观事物的数量关系和空间形式，间接的、概括的反映，是一种用文字和符号构成概念、判断、推理的心理过程。当学生面对一个具体的数学问题时，在解决问题的动力驱动下，搜寻问题提供的已知信息，有时是条件，有时是结论，也或者是图形，对它们进行一系列的直觉感知、接受，并将其熟知部分予以攻破，不熟知部分利用大脑对其进行有效分析，进行工作记忆，在解决探索问题的过程中取得成功后，进行整理表述，对这样产出的结果进行最终检验，此过程的最终结束也标志着数学思维过程完成[①]。

---

① 王会花. 数学思维在初中数学教学中的应用研究 [J]. 中学课程辅导，2022（36）：108–110.

数学思维是思维的一种，首先具有思维的一般特性；其次具有不同于一般思维的独特性质。例如，在数学及其研究过程中，作为数学思维载体的简约数学语言和数学符号的抽象性、结构特征性等都决定了数学思维的独特特性，如整体性、严谨性、问题性、相似性等。

按照思维活动的总体规律，数学思维通常可分为数学直觉思维、数学逻辑思维、数学形象思维。

第一，数学直觉思维。数学直觉思维是在大量基础知识和实践经验的基础上，在初期遇到数学问题时，对其整体观察后，瞬间产生的一种非逻辑判断的，对该问题的某种本质特征认识，是灵感的闪现，是迅速的、下意识的一种判断，对解决问题的进程有一定的指向性。数学直觉思维不是逻辑的，但具有整体性、直接性、不可解释性、或然性等重要特征。

第二，数学逻辑思维。数学逻辑思维不同于数学直觉思维，它借助已知的数学概念、定理、公式进行一系列的判断、推理、论证等思维过程，其中对比、抽象、分析、概括、综合、（完全）归纳、演绎等为思维过程中的主要数学方法，并要求运用数学语言和数学符号来反映数学问题本质规律的一种思维，它具有抽象性和逻辑性的特征。数学问题本身就需要按照一定的理性逻辑来推理和论证，整个过程具有严谨的逻辑体系，同时这些推理和论证过程所需的数学概念、定理、公式的叙述是抽象的、概括的一种叙述形式。另外，逻辑思维有着严格的逻辑规则，它的基本规律和辩证逻辑的规律是逻辑推演法和规则法，它们是逻辑思维区别于其他思维的重要特征之一，在这种强大的逻辑推理过程中促使人们不断实现新的突破，形成新的知识，提高思维成果的可靠性。

第三，数学形象思维。数学形象思维是个体根据客观实物的表象进行的一种思维活动，它的基本形式是表象和想象，其中表象又是数学形象思维的基本元素，它的主要方法是猜想、联想、类比、观察与实验，以此个体对客观实物的具体表象材料进行有意识的加工获得领会的一种思维方式。首先，数学表象是对客观事物的形体特征或形式结构抽象的、概括的观念性形象。例如，数学中各种函数图像、统计图表、几何图形、数学概念、语言、符号等都是数学表象，它们是理想化的带有一般性的数学形象。其次，数学想象是个体在搜集大量的客观事物的表象后，运用已有的数学知识、思想和方法对其搜集的丰富表象进行加工整理，创造出新的数学表象的一种重要的数学想象思维形式，具体可分为再造性想象和创造性想象两种。数学中的再造性想象是指个体依据已有的数量关系与几何形式的语言文字描述或图形的展示，创造出新表象的思维。创造性想象不依赖已有的数量关系和几何形式的语言文字描述或图形的展示，而是根据一定目的、任务与理论，独立地创造出新表象的思维。

由此可见，初中数学教学中应努力培养学生的这三种基本数学思维能力。此外，运算能力是逻辑思维能力的一部分，是它与运算技能相结合的产物；空间想象能力是形象思维能力的一部分，是它与几何形式相结合的产物。逻辑思维和形象思维是主体，主体水平的提高为直觉思维的发展提供了坚实的基础。

（二）初中数学思维的特征

初中生数学思维，是指在初中数学学习中学生在对数学问题感性认识的基础上，运用类比、归纳、综合、分析、演绎等初中数学基本方法进行推理和论证，理解并掌握初中数学知识并运用它解决具体数学问题，从而提高对数学本质和规律的认识能力。

初中生数学思维发展的主要特点是，抽象逻辑思维较初中时期更为日新月异地迅速发展，慢慢占据了相对优势的地位，同时形象思维也随着逻辑思维的发展而进一步提高，学生这两种思维在初中学习中并驾齐驱地迅猛发展且日渐成熟，有质的飞跃；思维的独立性、批判性、灵活性、发散性及深刻性有了显著的提高，虽然在发展的过程中不同个体在遇到不同问题时会表现得有所差异且并不完全成熟，易产生片面性和表面性，这都是由于他们的知识以及实际解决问题的经验不足造成的。

第二章 基于核心素养的初中数学的课堂教学

随着素质教育的全面普及，核心素养培养也日益成为初中数学教学的主要目标。基于此，本章以核心素养为切入点，分析初中数学课堂教学的有效性、初中数学教学的课堂技能、核心素养下初中数学高效课堂构建，以期为相关教育工作者提供有益借鉴。

第一节 初中数学课堂教学的有效性

一、初中数学课堂教学有效性的特征

初中数学课堂教学有效性是指拥有合理的教学理念的初中数学教师，通过制订正确的数学课堂教学目标，采用恰当的或适合学生的教学方式和方法呈现数学教学内容并给学生及时的课堂教学反馈，使教师和学生在各种互动的教学活动中，达到促进学生在数学知识技能、数学思考、问题解决、情感态度价值观上获得满意的结果，以获得良好的数学课堂教学效果。初中数学课堂教学有效性的特征表现在以下三个方面。

（一）效果和效率的统一特征

数学课堂教学有效性并不是指在一节 40 分钟的数学课堂里数学教师传授了多少数学知识，而是指学生在数学教师的引导下主动获得了多少数学知识技

能，在问题解决、数学思考上获得多大的发展，情感态度价值观有怎么样的体验。因此，初中数学课堂教学有效性不仅指数学成绩好的学生感到有效，而是在对数学成绩差的学生进行考量时，他们也会感觉到有效。提高效率是一切管理工作的目标，同样，课堂教学工作也讲究效率。同样，好的课堂教学效果，所花费的时间少，数学教师和学生的负担轻，这就是高效率；如果花费的时间多，数学教师和学生负担重，那就是低效率。在目前的数学课堂教学中，存在着数学教师不重视课堂教学效率，总是通过延长学生的数学学习时间，增加了学生的学习负担，最后学生成绩可能提高了，升学率也上升了，但是这牺牲了学生的身心健康，是不可取的，其实更是一种低效的表现。

（二）过程和结果的统一特征

以数学教学的观点来看，以往数学教学所依赖的"捷径教学"——重结果、轻过程在很大程度上削弱了结论形成的形象化和动态性，而对数学概念、公式、定理等内容的死记硬背也严重打击了学生学习的积极性，甚至在其内心深处留下了"数学学习比较枯燥乏味"的刻板印象，学生的质疑能力、探究能力、思考能力都无法充分发挥和得到锻炼。尽管相对于高中数学的抽象性，初中数学更加简单，但其整体的复杂性和学习难度依然是其他学科无法比拟的，因此，其研究方法也更加抽象，这也成了初中学生数学学习负担繁重的重要影响因素。

因此，过程对于数学课堂教学有效性的提高具有重要影响力，以对某一数学概念的形成过程及某一数学公式的获得、应用过程理解为例，在这个探索的过程中，学生可以进一步强化学习体验感、愉悦感，以及培养数学学习信心。同样，困难、挫折、失败在这个过程中不可避免都会出现，但这些负面影响也会提高学生学习的质量。

（三）学生发展和教师发展的统一特征

在对人进行培养和完善方面，数学学科具有其他学科无法比拟的优越性，这是因为相对于引导学生学习数学知识及单纯地记忆某些数学结论，数学学习更重要的是数学思想、数学本质和数学价值的学习。如上所述，初中的学习方式在很大程度上取决于数学学习特点，不可能仅仅依靠机械化的记忆来保障教学质量。在学习过程中，学生需要基于所掌握的数学知识与技能来建立对数学思考形式的整体感悟，要通过推理数学公式来培养理性思维，更需要在对难度系数较高的数学问题的解决过程中培养迎难而上、顽强拼搏的学习意志，只有这样才能实现全面成长的目标。

以学生为本不仅是初中数学新课程标准的重要理念之一，更是实现教师个人成长与进步的重要保障。数学教师需要在此核心理念的指导下，提高自己的数学素养，调整自己的教学观念，对自身的教学方法进行创新优化，以提高课堂教学效果。所以，这个过程为教师带来的既是机遇，更是挑战，而只有实现师生的共同进步、协同发展，才能说明数学课堂教学有效性的真正发挥以及教学相长的真正实现。所以，构建高效的数学课堂，必须首先保证实现教师和学生的共同进步。

二、初中数学课堂教学有效性的影响因素

"初中数学是义务教育阶段的一门基础课程，如何提高课堂教学有效性是素质教育改革的重点"[1]。根据施瓦布的课程理论，初中数学课程是由初中数学教师、初中生、数学教学内容和数学课堂环境四大要素组成，这四个部分间持续相互作用的关系是实践性数学课程的基本内涵，因此，在初中数学课堂教学过程中，初中数学教师、初中生、初中数学教学内容、初中数学课堂教学心理环境等是影响教学有效性的基本因素。

（一）初中数学教师方面的影响因素

第一，数学课堂教学效率意识。初中学生的学习有效性，特别是学习效率的显著提升是初中数学课堂教学有效性的直接反映，但这种学习有效性不能建立在延长学生学习时间的基础上，而是需要培养初中学生"学习时间有限"的意识。时间效率观念在初中数学教师头脑中的建立，意味着教师可以为学生的自主学习提供更大的空间，并有效保障学生课下的休闲娱乐时间，同时，教师也会更关注学生数学课堂学习的时间利用率，这样一来，基于教师的统筹指导，学生的受教育时间和自主学习时间可以实现有机统一，在使学生自主学习能力

① 俞振勋.初中数学课堂教学有效性分析[J].基础教育论坛，2022（28）：99.

进一步增强的同时，也可以实现学生自主学习质量和初中数学课堂教学有效性的同步提高。

第二，制订数学课堂教学目标。整个数学课堂教学过程都需要在数学课堂教学目标的指导下进行，因为目标的存在是学生实现阶段性目标所需动力的重要来源，同时也是对时间进行合理分配以突出学习重点、解决学习难点的重要指导。实现数学课堂教学目标是初中数学课堂教学有效性的重要落脚点，而作为教学目标的三大核心要素，情感态度价值观、知识技能以及数学思考和问题解决之间存在着密切关联，一方面，学生积极地思考和解决问题是实现对数学知识进行经验性意义建构的基础和前提，也是学生将数学知识内化为个人知识和技能的重要保障；另一方面，学生积极的情感态度是支撑着学生思考与解决数学问题的重要保障，只有以数学知识和技能为应用对象，才能使其存在价值得到真正体现。此外，学生在反思知识和技能以及解决问题的过程中，其情感态度价值观也将得到显著提升。所以，以上四个部分之间相互联系、相互依赖，在为学生发展提供助力的同时，更推动了高效初中数学课堂的构建。

第三，数学课堂教学反馈。数学课堂教学反馈[①]主要从两个方面探讨：首先，课堂教学反馈是教师及时全面地了解学生掌握知识与技能情况的重要依据，而将这些依据与教学目标进行对比，也可以总结出差距，并制定和应用弥补不足的方法，以对教学过程进行优化，从而保障教学成效。其次，课堂教学反馈能够直观呈现学生的实际学习情况，从而让学生明确自己的学习成果，并从优秀成果中总结经验，以强化学生的学习兴趣，同时从不太理想或较差的数学成绩中吸取教训，从而对自身的差距和不足形成正确客观的定位，以对自身的数学学习行为加以调整，以更加积极主动的状态投入数学学习过程中，进而保障课堂学习的有效性。

（二）初中学生方面的影响因素

1. 智力因素

智力是由观察力、思维力、想象力、注意力和记忆力等基本因素组成。其

---

① 数学课堂教学反馈是教学活动沿着预设教学目标有序进展的重要保障，也是不断优化数学教学过程的重要动力。

中智力的基础是观察力，核心是思维力。在初中数学学习过程中，思维力和想象力开始逐步提高，逐步形成逻辑思维能力和空间抽象能力，它们成为初中数学有效学习的组成部分，通过课堂实践和理论的学习，我们发现观察力、思维力与想象力对初中生数学课堂学习有重大的影响。

（1）初中生观察力

观察是认识事物的开始，是智力发展的基础。观察力是指全面、正确、深入地观察事物特点的能力。观察力主要表现在能够迅速地观察数和形这两个侧面的特点，从问题所表现的形式和结构中发现其中的内在联系，就是初中生对数学符号、字母、数字所表示的数学关系式、几何命题、几何图形的结构特点进行的观察，因此，"培养学生的观察能力是全面提高学生数学素质的需要"[①]。初中生的观察力影响学生课堂学习的兴趣，如果学生能够观察到数学抽象性所具有简单统一的内在美，数量关系与空间几何所具有的对称美等，他们就会对数学内容产生浓厚的兴趣，从而产生了求知的强烈愿望，提高课堂学习的有效性。

（2）初中生思维力

概括性和抽象性是数学学科最显著的特征，它在一定程度上舍弃了认识对象的具体形象，并以适宜的语言来对客观事物的本质和内部规律进行了反映。从思维的角度来讲，初中学生正在经历形象思维向抽象思维的过渡期，充足的时间和有效的教师指导是这种转变的重要保障，同时，初中数学中的大部分证明都是以直线型为起点逐步推进的，每一个步骤都需要在充分依据的指导下进行。比如勾股定理的学习，在验证一个三角形是直角三角形的过程中，就以逻辑推理代替了直尺测量。

（3）初中生想象力

作为一种在观察、分析和抽象思考客观事物空间形式过程中发展而来的能力，想象也是大脑再现物体大小、形状、位置关系的心理现象。只有具备一定的想象力，才能促进概念的形成，才能保障学生的课堂学习效果。受到高度抽

---

① 梁荣芳. 浅谈数学教学初中生观察力的培养 [J]. 软件（教育现代化）（电子版），2016（3）：152.

象性学科特点的影响，很多初中学生在数学学习过程中常常会感到枯燥乏味，甚至始终无法真正建立数学学习兴趣。而在想象力的作用下，数学抽象理论转变成了与初中学生日常生活息息相关的数学实际，这对于强化学生对数学应用价值的整体认知、真正培养学生的数学学习兴趣具有重要意义。同时，学生的数学学习积极性也是引导其积极参与课堂教学活动的重要保障，而学生想象力的发挥也在学生理解与记忆数学知识及数学课堂学习效率的显著提升方面发挥着重要的作用。

2. 非智力因素

（1）初中生数学学习动机

学习动机是直接推动学生进行学习活动的心理因素之一，在形式上表现为：需要、兴趣、愿望、好奇心、责任感等；在内容上表现为家庭、学校、社会对其学习提出的客观要求。心理学研究表明学生年级越低，他们的学习动机往往与学习活动联系越紧密。学生们随着年龄的增长、学习兴趣的扩展，其学习动机有了一定的社会意义。现在的初中生，他们的数学学习动机有的是为了得到好的数学成绩、不甘落后，或者是为了得到家长和教师的表扬，为了获得奖励而努力学习数学，还有的学生学习数学是为了在中考中考出好的成绩，这样可以上重点高中，将来可以上名牌大学等。一般而言，学习动机越高，学习自觉性、积极性就越高，数学学习就越能够专心致志，碰到难题也不会轻易放弃，以顽强的毅力去克服它。正因为如此，要在数学学习中树立正确的学习动机。

（2）初中生学习数学的兴趣

通常来讲，对所学的课程内容充满热情，就意味着他们在课堂教学过程中往往会更加集中精力，在解决数学问题时也会投入自己的全部能力和专注力，从而满足自己的求知欲和探索欲，最终提高学习的有效性。通过课下交流的方式来了解学生的实际学情可以发现，偏科对学生来说是一种极为普遍的现象，同样是学习数学课程，也会存在学习内容不同，学生的学习积极性就会有所差异。同时也存在大部分学生缺乏学习兴趣，甚至对学习产生了强烈恐惧和厌烦的现象，相较于学习数学，他们对网络小说、游戏等内容更加青睐。综上所述，兴趣是开启数学课程高效学习的钥匙，只有有效激活学生对数学内容的学习兴趣，才能营造和谐愉悦的学习氛围，才能为高效数学课堂的构建提供动力支持，才能保障学生良性学习状态的持续性。

（3）初中生数学学习意志

为了达成预期的数学学习任务，学生在学习过程中对自身数学学习行为的自觉调整、对所遇到困难的有效克服的心理过程，便是学生的数学学习意志。对于数学学习有效性提升而言，其关键就在于初中生在解决数学学习过程中遇到困难时所选择的方法。如果学生能够以顽强的意志来解决这些学习困难，那么他就会表现出勤奋好学、静心钻研的学习状态，这对于数学学习的成功具有重要意义。同时，与意志力不足的学生只是对公式、结论等的记忆相比，意志力顽强的学生更善于思索和推理这些公式、定理的由来过程，以及其中蕴含着怎样的数学思想。

（三）初中数学教学内容方面的影响因素

1. 数学教学内容的预设与生成

根据数学新课程标准中的要求，协调处理教学内容预设和生成之间的关系应当成为课堂教学的重要内容，其中，教学内容的预设通常外化为数学教学方案，而对这种方案加以实施的过程本质上来讲就是课堂教学实践的过程。在这个将预设向实践转化的过程中，师生之间的互动也会促进部分课堂教学新资源的生成，进而为教师落实教学方案、学生学习教学内容及进一步拓展学生知识视野提供重要的支撑。而若想实现这一目标，则需要数学教师对生成与预设的关系进行及时把握和统一协调，以提升数学课堂教学效率。

2. 数学教学内容的具体呈现

与学生的现实生活有机结合，进而更好地呈现数学教学内容是数学新课程标准的重要要求，而"数学现实"主要包括数学现实、其他课程现实和学生生活现实三个部分。在教学过程中，教师在呈现教学内容时既要重视构建教学内容与学生生活实际之间的联系，又要以生活化和情境化的方法来呈现与讲解数学问题，只有这样，才能在学生头脑中建立起数学与社会的联系，才能对数学的应用价值形成深刻体会，才能逐渐培养和强化学生看待周围事物的数学思维和数学课程的学习积极性。此外，取决于数学内容的逻辑性，在呈现数学内容时，要特别重视将新旧知识联系起来，以丰富和延伸学生已有的知识和经验。

总之，在看待与分析问题，以及开展整个数学教学活动的过程中，我们要特别注意用联系的思想来串联学生的生活现实、学科现实、数学现实和数学内容的呈现，从而在初中学生正确价值观念的养成、科学学习态度的建立等方面发挥重要的辅助作用，切实保障初中学生对数学的更好体验与理解，最终实现初中学生数学课堂学习效率显著提高的目标。

第二节　初中数学教学的课堂技能分析

一、初中数学课堂导入技能

数学课堂导入技能是数学教师在课堂上采用各种教学媒体和各种教学方式，引起学生注意、激发学习兴趣、产生学习动机、明确学习方向和建立知识间联系的一类教学行为方式。导入这一意图的行为广泛地运用于上课之始，或者用于开设新学科、进入新单元和新段落的教学过程。所谓"导入"，包括"导"和"人"两个部分，分别理解为"教师引导"和"学生进入"，即"教师引导学生进入某种教学情境"，在新的教学内容或教学活动开始前，引导学生进入学习状态的教学行为。

课堂导入技能虽然只是运用于教学过程的开始阶段，但它是基于教师对整个教学过程、学生实际知识水平及理解能力的通盘考虑，熔铸了教师的教学风格、教育智慧以及专业素养，反映了教师的教学观念，是评价一名教师教学能力的重要指标，是教师学业素质的综合体现。

（一）数学课堂导入技能的重要作用

课堂导入在整个课堂教学中是较为重要的环节，良好的课堂导入是一堂课成功的关键。学生在课堂的学习兴趣及其学效果，与教师两三分钟的导入有较大的关系。课堂教学的导入，犹如文章的"凤头"、乐曲的"引子"、戏剧的"序幕"，负有酝酿情绪、集中注意力、渗透主题和带入情绪的任务。精心设计的导入能打动学生的心弦，生疑激趣，促成学生情绪高涨，步入求知欲振奋的状态，有助于学生获得良好的学习效果。运用正确的方法导入新课，可以发挥以下作用。

1. 激发学生学习兴趣，引起学生学习动机

每个人都会对他感兴趣的事物给予优先注意和积极探索，并表现出心驰神往。例如，对美术感兴趣的人，对各种油画、美展、摄影都会认真观赏、评点，对好的作品进行收藏、模仿；对钱币感兴趣的人，会想尽办法对古今中外的各种钱币进行收集、珍藏、研究，心理学研究表明，兴趣是带有倾向性的心理特征，是认识某种事物或某种活动的心理倾向和动力，它可以使人在认识过程中产生愉快的情绪，从而增强认识事物的主动性、积极性。学生对学习这一行为的兴趣，有利于学生自觉、积极地进行思考、探索。例如，一个人对跳舞感兴趣，他就会主动、积极地寻找机会去参加跳舞活动，而且在跳舞时感到愉悦、放松和乐趣，表现出积极而自觉自愿，而兴趣是在需要的基础上发展起来的。

新课的开始，如果教师就针对学生的年龄特点、心理特征以及实际知识水平，精心设计好导入的方法，使学生也产生了迫切解决当前问题的热烈情绪，激发学生对新知识的渴望，便能激发学生浓厚的学习兴趣，使他们愉快而主动地进行学习并产生坚韧的毅力，表现出高昂的探索精神，收到事半功倍的效果。所以，"善导"的教师，在教学之始，总是千方百计地诱发学生的求知欲，引起学生的学习兴趣，使学生产生一种力求认识世界、渴望获得知识、不断追求真理的冲动。

学习动机是直接推动学生学习的内在动力，是激发学生进行学习活动、维持已引起的学习活动，并使学习行为朝向一定目标的一种内在过程或内部心理状态。当学生获得学习动机后，就会积极做好准备集中精力在学习上，只有使学生清晰地意识到所学知识的意义和作用，才能使他们产生学习的自觉性，迸发出极大的学习热情。所以，"善导"的教师，在教学之始，很重视阐明将要学习的知识在工农业生产、国防、科学研究和生活中的重要意义。

认知冲突是人的已有知识和经验与所面临的情景之间的差异所导致的冲突，认知冲突会引起学生产生新奇和惊讶，从而引起学生的兴趣，激发学习动

机认知冲突的设置还可以帮助学生明确学习任务，确定学习方向，凝聚思维焦点。所以，"善导"的教师，淬于设计各种"认知冲突"，充分利用学生的好奇、好问、好动等心理特征，制造认识冲突，创设悬念，激发学生的求知欲，引发学生的积极思考。

2. 引起学生对课题的关注，传达教学的意图

注意是信息加工的心理机制之一，它是心理活动对一定对象的选择性和指向性。在课堂上，学生的注意力有利于对知识的感知，从而更容易地理解、掌握知识。此外，良好的课堂导入，能在上课之始，形成良好的课堂学习气氛，唤起学生的注意，使他们迅速进入学习情境，产生学习的意向，利于教师传达教学意图。因此，在教学之始，要给学生较强烈的、新颖的刺激，帮助学生收敛课前的各种其他思维活动，将学生的注意力迅速地指向课题，为完成新的学习任务做好准备，教师以通俗易懂的语言传达教学意图，这种教学意图包括建立学习目标、指出方向（将以怎样的方式进行学习）、勾画教学内容的轮廓。

3. 铺设知识桥梁，温习旧知建构新知

数学学科的知识逻辑性很强，新知识都是以旧知识为基础发展而来的。教师在讲授新知识之前，如果先组织学生把已有的知识和经验，或者在和学生一起运用已有的知识对各种数、形、式进行观察的过程中形成"问题情境"，出现新的需求与原有认知水平的"冲突"，造成学生心里想求通而未能达其意，口欲言而未能达其词的情境，然后再来学习新知识、新技能，就易于调动学生心理中的积极因素，迅速进入学习状态。通过实例、实验的观察导入，可为思维（分析、综合、抽象、概括等）加工做铺垫。

4. 创设情境，培养学生探究事物的习惯

好的新课引入，常常是由教师精心设计，为学习新知识、新概念、新原理和新技能做引子和铺垫。提供隐藏规律性的材料，让学生通过对实例的观察导入，经过分析、综合和概括等思维加工，利用已有的经验和知识去探索，或构想新概念，或寻求新定理、新公式、新方法、新思路，这样的过程进行多次，日积月累，学生就会养成钻研问题、探究事物的良好习惯。

（二）数学课堂导入技能的类型划分

课堂导入的方法和形式是多种多样的用怎样的导入方式，要依据教学的任务和内容、学生的年龄特征和心理特征灵活地加以运用，不采用某种持定的模式，也不能机械地照搬套用，不同的学科、不同的教材、不同的学生要采用不同的导入方法。数学课堂导入技能 [1]，常用的有以下几种。

1. 直接导入

直接导入，是教师向学生直接阐明学习目的和要求、主要教学内容及教学程序等的导入方法。教师简练、明快的讲述或设问，是直接导入成功的关键。直接导入的方法简单，能使学生对所学知识一目了然，但是，这种方法比较单调，缺乏激情，因而不易激发学生学习数学的兴趣，在低年级教学中应尽量少用或有控制地使用。

2. 经验导入

经验导入，是教师从学生已有的生活经验和现实素材出发，通过生动地讲解、谈话或提问，引起学生的回忆，自然地导入新课的方法。应用经验导入，需要教师了解学生的学习、生活情况，注意平时的培养和积累。如组织、引导学生观察大自然，深入工厂、街道、农村了解社会，以丰富学生的学习、生活经验，为学习提供必要的感性材料。

3. 旧知识导入

旧知识导入，是一种根据已知探索未知的导入方法。科学知识是系统连贯的，新知识是在一定的旧知识的基础上发展而来的，接受新知识需要学生具备一定的知识基础，如果学生对已学过的知识忘记了，或模糊不清，接受新知识就会有困难。旧知识导入主要是利用了新、旧知识之间的逻辑关系，即旧知识是新知识的基础，新知识是旧知识的发展与延伸，从而找出新、旧知识之间的联结点，由旧知识的复习迁移到新知识的学习，从而导入新课。例如，我们通常所说的复习导入、练习导入、类比旧知识导入等均可归入旧知识导入，这种导入也是最常用的新课导入方法。这种导入方法使学生感到新知识并不陌生，

---

[1]　黄秋芳.浅谈初中数学课堂中的导入技能 [J]. 课程教育研究，2013（19）：122–123.

便于将新知识纳入原有的认知结构中降低学习新知识的难度，易于引导学生参与学习。简而言之，旧知识导入，就是从回顾旧知识、做练习、做类比等复习旧知识的教学活动开始，为新知识提供支撑点来导入新课的方法。

4. 直观导入

直观导入是指教师利用实物、教具（挂图、模型、图表、投影片、幻灯片、电影、录像等），引起学生的兴趣，引导学生进行观察、分析，再从观察中提出问题，创设研究问题的情境的导入方法，这种导入方法建立在直观的基础上，引导学生通过各种感官直接或间接地感知具体事物的形象，使学生获得鲜明的表象，进而提出新问题，从解决问题着手，自然地过渡到新课的学习；同时又有利于学生由形象思维过渡到抽象思维，为学生抽象思维的形成奠定感性的认知基础。

数学教学的直观手段分为感官直观与思维直观两个层次，这是由数学的特点和数学的认知特点所决定的。从数学教材的内容所呈现的逻辑结构来看，较高级的抽象层次是建立在较低级的抽象层次基础上的；从认知的角度讲，也要先从对客观事物的直接认识出发，形成对教材内容逻辑结构的把握。

（1）感官直观层次的直观手段

首先，实物直观。实物直观的定义是由教师指导，引导中学生直接接触大自然，让中学生直接感知大自然，在大自然中发掘相关的数学概念，通过直观的实物呈现数学概念，由此帮助学生掌握数学的基础概念和方法，为后续学习数学知识打下坚实的基础。除此之外，教师还可以引导中学生利用掌握的学科理论解决实际问题，从而起到巩固知识、深入学习和掌握知识的作用。因此，这种教学方式也属于实物直观手段，这种方式的特点是生动鲜明、真实有趣，可以帮助学生更真切地理解和掌握教材知识，进而提升学生学习学科知识的积极性和兴趣，不断激发学生的求知欲望，促进学生的学习，帮助学生巧妙地掌握知识。这种方式也有其缺点：难以凸显事物的本质特征，且内部细节难以仔细观察。

其次，模型直观。在数学教学中，数学理论具有理想性，这种特性无法通过直观的事物呈现出来，无法通过抽象表现对应的关系及概念，由此形成了模型直观这种教具。模型直观也可以称为教具直观，属于直观教学方式中的一种，它的定义是为了让学生感知实际事物，以模拟形象的方式提供直观的事物模型，如图表、幻灯片及电影等。模型直观并不受实物的影响，可以根据具体的教学目标进行随意变换，将实物放大、缩小或突出重点，把静态的实物变成动态或把动态的事物变成静态，把快速的变成缓慢的，把近的变成远的等，通过不同的变换方式将事物生动形象地展现给学生。另外，模型直观还能把抽象的事物变成具体的、辨识度高的事物。通过模型直观，不仅可以让学生以模拟大自然的方式间接认识大自然，还可以让他们把日常生活中的思维方式与学习学科知识的思维方式结合起来，让不同的理论思维相互交替，帮助学生提升逻辑思维能力。

（2）思维直观层次的直观手段

首先，数学语言直观。数学语言直观通常是指教学过程中的形象化语言，它属于模型直观和实物直观的辅助形式。数学语言的逻辑性很强，通常情况下，根据不同的使用词汇，可以把数学语言分为文字语言、图像语言及符号语言。在数学教学中，图像语言是最直观的语言，不同于其他的实物直观感知，它是由抽象思想加工并概括之后形成的。图像语言可以直观、形象地表述数学法则、概念及定律，它可以让人更轻松地掌握整个数学思维。另外，客观条件并不能影响语言直观，时间、地点及设备等限制都无法影响语言直观，但是，它的缺点是不够完整、鲜明和稳定，语言直观易中断、暗淡和动摇，还会产生一些错误。因此，在直观教学的过程中，教师应该依据教学目标及要求，从实际出发，充分结合学生的身心发展特点，不断提高教学质量。

其次，模式直观。相比于借助视觉效果形成的模型直观，模式直观更具层次感，因为它是借助抽象思维的层次形成的。大自然的秩序性很强，而人的思维过程具有鲜明的层次感，将具体的思维转变为抽象的思维，需要更高层次的思维过程，因此，我们应该从较低层次的直观形象开始构建推理模式。通常情况下，模式直观的概念是将具象的、熟悉的、普遍协调的、易于接受的模式作为基础，引导和帮助学生加深对抽象、深刻的思维对象的理解和把握。这种方式普遍存在于理性思维的形成过程中，很多思维和策略都是源自某一种模式直观。

5. 实验导入

实验导入，就是通过教师的实验演示或学生的实验操作来导入新课的方法。学生在学习之始的心理活动特征是好奇的，要求解惑的心情急迫，在学习某些章节时，教师可演示具有启发性、趣味性的实验，或让学生自己进行实验操作，使学生在感官上承受大量色、嗅、态、声、光、电、动和静诸多方面的刺激，同时提出若干思考问题，巧布疑阵。

6. 设疑导入

所谓设疑导入，就是通过编拟符合学生认知水平、形式多样且富有启发性的问题，引起学生回忆，联想并渗透本课学习目标、研究的主题来导入新课的方法。

疑是思之始，学之端。"学贵有疑"。"疑"是学生思维的积极表现，又是探索问题的动力。例如，南宋理学家朱嘉在《朱子语类》中指出："读书无疑者，须教有疑，有疑，却要无疑，到这里方是长进。"又如，陆九渊在《陆九渊集》中也说："小疑则小进，大疑则大进。"向学生提出恰当的疑问，往往能刺激学生的好奇心，激发学生的兴趣，调动学生学习的积极性。而且，数学本身就是在提出问题和解决问题的过程中发展的。因而向学生提出问题，让学生产生疑问，是引入新课的一种好方法。

7. 悬念导入

悬念导入就是教师运用"悬念"的手法，给学生留下悬念性的问题而导入新课的方法。教学过程是一种提出问题和解决问题的持续不断的活动。例如，教师经常设计一些学生急于解决，但运用已有的知识和方法一时无法解决的问题，形成激发学生探究知识的悬念而引入课题。

8. 故事导入

故事导入法是教学过程中比较常见的一种教学方法，即通过讲故事的方式引入新课。从青少年的心理特点出发，将与数学相关的故事作为引子导入新课，可以激发学生的好奇心和积极性，这种教学方式尤其适用于对学习热情不高的学生。这种教学方法在低年级学段更受欢迎。因为有的故事可以唤起学生日常生活中的经验，与学生生活息息相关，让学生更能接受，并且还能让学生从抽象的事物中掌握数学知识；还有些故事可以以故事的方式引导学生解决生活中比较简单的数学问题。这种教学导入法可以为数学课堂增添趣味，也能帮助学生拓展思维，丰富学生的想象力，让学生可以更快、更自然地进入教学课堂。

教师可通过具体描述生活中熟悉的事例；介绍新颖、醒目的趣闻；讲述妙趣横生的典故及联系紧密的动人故事等方式导入新课。这种导入可避免平铺直叙之弊，收寓教于趣之效。

9. 游戏导入

游戏导入法就是通过与新知识有关的游戏而导入本节课题的导入方法。游戏是儿童的天堂，做游戏可以满足他们爱动好玩的心理，使注意力不但能持久、稳定，而且注意的紧张程度也较高。在游戏中，儿童的情绪始终很高涨，并在愉快的气氛中进行着。在数学教学中，游戏也是一种很好的教学活动形式，因为游戏的特点符合儿童好动、好奇的心理特点和年龄特征，尤其适合低年级教学的需要，它能使学生的思维一直处于活跃状态，并能集中他们的注意力，激发其学习兴趣。

10. 数学史导入

数学史导入是指教师在开展教学活动前，利用数学历史上的一些故事、趣闻、名人命题等来创设生动幽默、富有启迪性的问题情境，激发学生的好奇心，从而唤起学生的求知欲，使学生能够积极主动地投入即将开始的数学学习与探究活动中去。

（三）数学课堂导入技能的实施要求

各种不同的导入类型，在设计和实施中，需符合一定的要求，才能导之有方。

第一，导入要遵循针对性。导入要针对教材内容，明确教学目标，抓住教学内容的重点、难点和关键点，从学生的实际出发，抓住学生的年龄特点、知识基础、学习心理、兴趣爱好等特征，做到有的放矢。"导"是辅助，"人"才是根本。导入要有助于学生初步明确将要学习哪些内容，怎么学，为何学。要针对教学内容的特点与学生实际，采用适当的导入方法。

第二，导入要体现启发性。如果设计的导入不能启发学生积极思考，学生难以进入角色。积极的思维活动是数学课堂教学成功的关键,因此,富有启发性、趣味性的导入才能引导学生发现问题,激发学生解决问题的强烈愿望,能营造愉快的学习氛围,促使学生自主进入探求知识的境界,起到抛砖引玉的作用。

第三,导入要富有趣味性。兴趣可以激发一定的情感,可以唤起某种动机,可以引导学生成为学习的主人。可见,把握好每节课的起始阶段激发兴趣的契机,学生的学习效果就有了一半的保证。

第四,导入要讲究多样性。导入应根据不同的教学内容、教学对象和课型,灵活多变地采用各种方法,做到巧妙、新颖。固定单一的导入方法会使学生感到枯燥、呆板,这就要求教师除了有精湛的演讲技艺外,还必须有丰富的资源和广博的知识。这样,教师才能灵活运用各种各样的导入方法,从而使导入更加活泼,更加引人入胜。

第五,导入要注意时效性。课堂导入作为课堂教学的前奏曲,虽然是课堂教学的一个重要环节,但并不是中心环节,只是为中心环节做铺垫,所以,课堂导入的时间不宜过长,否则会影响新课的教学,教师在课堂导入阶段应言简意赅,用最少的话语,花最少的时间,取得最好的导入效果。因此,导入的过程要紧凑,导入时间控制在 3~5 分钟为宜。

二、初中数学课堂讲解技能

讲解技能[①]的教学行为历史悠久,并且,它也是教学中最基本的手段,从孔子的"私学"及柏拉图的"学园"发展至今,讲解技能深受偏爱的原因是它可以在短时间内为学生传授大量的知识和信息;除此之外,这种教学手段便于学生及时、有效地提出问题,解决问题;还有一些抽象和微观的知识,也可以由教师讲解,帮助学生更快地理解和掌握,对于教师传授知识而言,这种方式具有主动性和控制性,它是教师进行教学、教育活动所不可缺少的手段。即使在当今现代技术大量应用于教学领域时,也不能忽视讲解技能在教学中的重要作用。由此可见,教师对教学内容,对学生对象,对事物的思考、分析和判断

① 讲解技能指教师通过语言为学生传授学习方法和知识,这是教师促进学生智力发展、引导学生形成正确思想感情的教学行为。

是否正确、深刻，都集中在他的语言表达上展示出来。总而言之，准确、流畅、清晰、生动的描述，循循善诱、层层推理、点点滴滴的讲解，可使学生晓之以理、动之以情、导之以行。

讲解的实质是建立新知识与学生原有知识经验之间的联系。新旧知识的获得，主要依赖认知结构中适当的观念，并通过新旧知识的相互作用，说明新旧知识的关系，填补学生原有经验与新知识之间的空间以及剖析新知识本身各要素之间的关系，是讲解的主要任务。讲解有两个特点：第一，在主客体知识传播中，语言是主要媒体。因此，培养内部组织语言能力（"想"好"为什么说""对谁说"以及说明的意向与要点）、快速语言编码能力（注意储备口语词汇，懂得语法规范）、运用语言表情达意的能力（善于运用语言、语调、语速、语量的变化表情达意，令人爱听，使之动听），是讲解好的前提。第二，知识传授中由主体转向客体，具有单向性，学生常处于被动地位。

（一）数学课堂讲解技能的重要作用

数学课堂讲解的首要作用是引导学生在原有认知结构的基础上，感知、理解、掌握新概念、新原理，并能应用新旧知识解决新问题在教学过程中，使用讲解的手段解释教材、说明图表、解答疑难等，可帮助学生得出结论的思维过程和探讨方法，提升学生的认识能力（如观察力、思维力、想象力等）和实践能力（如运算能力、实验操作能力、设计能力等）。使用讲解的手段还可以向学生讲解相关的古今数学文化，培养学生的学习意志和审美情趣具体，数学课堂讲解技能有如下作用。

第一，高效、省时地传授基础知识。在课堂讲解中，教师起主要作用，教师把学生所要学习的内容以系统的形式呈现给学生，使学生在短时间内获得大量的信息，最终让学生理解重要事实，形成概念、原理、规律和法则等系统的知识体系。用时短、容量大、效率高是课堂讲解的一大特点，它方便及时向学生提出问题并讲解问题，为教师传授知识提供了充分的主动权。

第二，全面、深刻地揭示内在本质。教师应激发学生的学习积极性，向学生提供充分从事数学活动的机会，帮助他们在自主探索和合作交流的过程中，真正理解和掌握基本的数学知识和技能、数学思想和方法，获得基本的数学活动经验。学生由于掌握的知识有限，未能形成系统的知识体系，所以在对待新知识时就无法从联系的高度出发，把握新知识与旧知识之间内在的本质联系，因而就不能有效地理解和掌握新知识。因此，教师的讲解就显得十分重要。教师的讲解需联系教材和学生的实际，利用富有启发性的讲解来揭示本质联系，使学生充分提取原有数学认知结构中的相关知识，明确学习所要达到的目的与要求，从而完成对新知识的观解和掌握。

第三，科学、准确地诠释重难点。数学课堂教学过程是为了实现数学教学目标而展开的，准确把握教材中的重难点，是完成教学目标的基础和前提。此外，学生通过教师的讲解引导，提取原有数学认知结构中的相关知识，把新的学习对象同化于原有的数学认知结构中去，从而产生新的思维，理解并吸收新知识。

第四，疑处解疑地引发学习兴趣。"疑"可以激发学生自主探索的意识。当学生集中精力、情绪饱满地去挑战问题时，学习效率最高，同时在无形中强化了学习兴趣。在自学及预习新知识的过程中，学生往往因思维的局限而被动、麻木地去接受课本的概念和理论，缺乏主动探究的热情。教师在数学课堂讲解活动中，总会不时向学生追究概念中相关要素的来龙去脉，以及这样定义的原因。学生听讲时，便会循着教师的引导，逐步解决疑问，不知不觉中既培养了学习能力，又掌握了新知识，从而对学习产生更浓郁的兴趣。教师在设置悬念和讲解疑问时，要根据教材的特点，吸引学生的注意力，促使学生渴望与追求新知，激发探究新知的激情，提高学习兴趣。

（二）数学课堂讲解技能的类型划分

讲解技能的类型可依据不同的标准、层次进行划分。结合我国的实际情况，数学课堂讲解技能可分为描述式、解释式、原理中心式、问题中心式等类型。

1.描述式

描述式又称叙述式或记叙式。描述的任务在于使学生对描述的数学概念、原理、问题等的结构、要素、属性、发展和变化，有比较形象、具体的感知，或有一定深度的认识。根据描述方式不同，描述又可分为以下三种。

（1）概要性描述

即对数学概念、原理、问题等的特征、要素做概述。对这类描述要充分运用生动、形象的口头语言，引用有关数据、资料，要注意揭示数学概念、原理、问题等的结构、各层次间的关系。

（2）程序性描述

按数学概念、原理、问题等的发展过程、步骤一步步地描述。此种描述要注意数学概念、原理、问题等发展的阶段性，抓住数学概念、原理、问题等发展的关键点。

（3）例证式描述

举出有代表性的、人们比较熟悉的、具有说服力的例证具体描述数学概念、原理、问题等。

2. 解释式

解释式又称说明式或翻译式。通过讲解将未知与已知联系起来。按解释的内容不同又可分为以下几个方面。

（1）意义解释

意义解释主要对数学概念、原理、问题等进行"是什么"的解释。

（2）翻译性解释

翻译性解释主要对数学符号或概念的内涵解释清楚，同时对概念的外延通过举例、对比等的方式解释清楚。

（3）结构说明

结构说明主要指对数学概念、原理、问题等的结构进行解释说明。例如，对数学定理的文字语言、符号语言、图像语言、应用、关键点、注意点等方面进行解释说明。

（4）比较性说明

为了把当前的数学概念、原理、问题等说明白，通过与学生已知的、具体的、熟悉的数学概念、原理、问题等做比较来进行讲解，向学生传授知识的行为方法。

3. 原理中心式

原理中心式讲解，即以概念、规律、原理、理论为中心内容的讲解，它是数学教学中最重要、最基本的技能。如果按照讲解的逻辑方法来分，又可以分为归纳中心式和演绎中心式。

原理中心式讲解，从一般性概括的引入开始，然后对一般性概括进行论述、推证，最后得出结论，又回到一般性概括的复述。一般性概括是指对概念、规律、法则、原理、理论的表述、论证和推证，即运用分析、比较、演绎、归纳、类比、抽象、概括等逻辑方法。在推证过程中，还要提供有力的证据、例证和统计材料，而后得出结论。论述和推证的过程也就是揭示现象与本质、个别与一般、事物要素之间、已知与未知之间，一个事物与其他事物的内在联系和关系。

4. 问题中心式

问题中心式讲解指讲解以解答问题为核心，解答的过程就是从不知道到知道的过程。

在选择认识方式和解决问题的过程中，最重要的就是具备有效的知识能力和思维能力。很大程度上，问题也许是一个练习题，也可能是一个具有实际价值的课题。这种讲解方式通常带有探究性，所以，在讲解的过程中一定要注重启发和引导学生，并通过思维迁移的方式启发学生。此外，要想达到好的效果，就要将讲解和其他技能结合起来。

（三）数学课堂讲解技能的实施要求

第一，讲解结构要条理清晰。在确定教学目标、分析教学内容的重点和难点、明确新旧知识之间相互联系的基础上，厘清知识结构和学生的思维发展顺序，提出系列化的关键问题，形成清晰的讲解框架。这样讲解条理清楚，启发学生思考。

第二，讲解语言要准确生动。语言准确就要求正确运用术语，用学生能理解的词汇，不用未经定义的术语。注意句子的完整、措辞和发音的准确，同时还要注意语言技能的应用，声音、语调、语速、表情、手势等有机的配合，讲解才会生动有趣，并取得好的教学效果。

第三，讲解要有启发性。要把直观、具体的现象、事件，通过分析、综合、抽象和概括，升华为理性的概念和规律。孔子的"不愤不启，不悱不发"值得我们借鉴，这句话告诫教师们讲解要留有一定的思索余地，要把握讲解的时机，凡对重要内容做本质论述时，尽量创设"愤""悱"的教学情境。

第四，讲解要善于使用例证。例证是进行学习迁移的重要手段，例证能将熟悉的经验与新的知识、概念联系起来。举例的数量并不在多，关键是所举的例子与新知识之间具有实质性的非人为的逻辑联系，并要对此联系做透彻的分析；所举的例子最好涉及不同的情境，以加深学生对知识的理解。

第五，讲解要重视反馈调控。在讲解中，教师要善于通过观察学生的表情、行为和操作，留意学生的非正式发言，向学生提出问题或给学生提出问题的机会，收集讲解效果的反馈信息，厘清学生的理解程度，并及时调整讲解的程序和方式，以达到教学目标。

三、初中数学课堂提问技能

提问技能是教师引出一个信号以激起学生的言语反应的一种行为方式，它是教师在课堂教学中进行师生交流的一种重要教学技能。具体而言，数学课堂提问技能，是指教师在数学课堂教学中，根据学生已有的知识或者经验，对学生提出问题，并引导学生经过思考，促进学生参与学习，了解他们的学习状态，启发思维，让学生理解和掌握知识，发展思维能力的一种教学技能。

数学课堂提问技能可以与其他各种教学技能相互渗透，在课堂教学中交互使用例如，在讲授法中，以问题构成讲授的手段，以问题形成反馈；在讨论法中，更是以问题为核心，以提出问题展开讨论；在探究法中，更是让学生自主发现并提出问题，且在探究过程中结合提问技能引导学生进行猜想、实验和论证。由此可见，教师必须熟练掌握提问技能。能否恰到好处地提问，是衡量教师教学能力的一个重要尺度。

（一）数学课堂提问技能的重要作用

问题是数学的中心问题也是启发学生思维的动力，数学课堂教学的实质就是师生双方共同设疑、质疑、释疑、解疑的过程，是以问题解决为核心展开的。在新课程改革中，问题意识已引起各方的广泛关注，各版本教材都在不同程度上重视对问题的设置。在数学课堂教学中，提问至少有如下作用。

第一，引起注意，激发动机。提问可以刺激学生的求知欲，调动学生的学习热情。学生长时间在课堂上听课，往往会出现注意力不集中的现象，教师的适时提问，以唤醒学生的心智，终止学生在课堂上的杂念、私语、小动作，把学生的心理活动集中到特定的问题上。同时，巧妙的提问也能够活跃课堂气氛，使学生的注意力得以较长时间地维持。

第二，引导思考，启发思维。思维始于问题，没有问题就没有认知的困惑，也就没有思维。问题就是矛盾，提问就是摆矛盾，而解决矛盾的过程就是思维的过程。提问可以使学生明确学习的方向，逐一解决问题进而达成目标。

第三，反馈评价，调节教学。关于一个课题或者一个知识点的教学是否达到教学目标，教师可以通过向学生提问获得反馈，从而针对学生和教学过程中存在的问题，调整教学策略，调节教学进度，提高教学效果。譬如，教师提出问题后，很久没有学生回答，或者只有极少数学生能答对，那就可能是教师提的问题不完善，使学生难以回答，或可能是提出的问题较难，超越了学生的认知水平，学生回答不了。通过提问，以及学生的回答情况，教师可以反思自己的教学，改善后续的教学。同时，"学生也可以通过答问，较快获得教师的评价反馈，在学习中不断审视自己，改进学习方式方法，促使后续的学习更有成效"①。

第四，激励参与，促进交流。课堂教学的理念是以学生的发展为本。教师的有目的的提问，可以激发学生参与课堂教学的主体意识，促进师生、生生的相互交流。首先，教师的提问为学生提供一个展现自我的平台。让学生展露才华、陈述观点、发表见解，能锻炼学生的口头表达和语言组织能力，还能提高学生的竞争意识、课堂反应的灵敏性。无论是学生的答问还是质疑，都可以培养他们的思维能力、口头表达能力和书面表达能力，尤其是口头表达能力。在提问中，这个转化过程可分为三个阶段：①发出信息，即教师以简明的教学语言提出问题；②接受信息，即学生按照教师的要求，理解题意，进行思考，寻找答案；③反馈信息，即学生用自己重新组织的口头语言回答教师的提问，陈述自己的见解，也就是即席讲话。可见，教师的提问对培养学生的主体意识和参与意识，是一种很好的方法。其次，教师的提问促进了学生交流并凸显了学生的主体意识。提问有助于促进课堂交流，沟通感情，发扬民主。通过提问，还能诊断学困生学习的困难所在，促使他们积极参与教学活动，提高学习兴趣，建立积极

① 罗新兵，李三平.中学数学教师教学技能[M].西安：陕西师范大学出版社，2012：41.

的自我观念。

（二）数学课堂提问的类型划分

提问是师生双方共同参与的活动。关于提问的分类，从不同的视角有不同的分类。例如，从教师提问的时间来分，可以分为预设性提问和生成性提问；①从教师提问的目的来分，可分为激趣性提问、激疑性提问、铺垫性提问、探究性提问和巩固性提问。

本书从实用角度出发，从认知的水平、提问的方式两个维度来阐述数学课堂提问的类型。

1. 从认知的水平看数学课堂提问的类型

如下侧重从认知水平分类的角度来看待提问技能的类型，该分类操作性强，易于理解，便于训练。布鲁姆等人1956年出版的《教育目标分类学（第一分册）：认知领域》中把认知领域的目标分为六个亚领域，即记忆、理解、应用、分析、综合和评价。根据这六个亚领域把课堂提问分为：记忆型提问、理解型提问、应用型提问、分析型提问、综合型提问和评价型提问。

（1）记忆型提问①

在数学教学中，用提问的方式让学生回忆学过的数学概念、数学规律、数学定理等知识，以达到对知识的再现和确认，为获取新知识做准备。这类提问，通常是新授课的基础及铺垫，为学习新知提供必要的条件。记忆是认知领域的最低水平，但对学习新知也是必要的。其提问的主要形式为说出、写出、复述、举例说明等。

（2）理解型提问

理解型提问要让学生对已知信息进行内化处理后，能用自己的语言对数学知识进行表述、解释和组合，对所学的概念、定理等进行比较，解释其本质区别。主要考查学生对知识的理解、掌握程度，以超越对知识的回忆和描述，促进学生领会和组织已学知识，重建认知结构。理解型提问主要表现形式为概述、比较、区别、推断、分类等。

---

① 罗新兵，李三平，中学数学教师教学技能 [M]. 西安：陕西师范大学出版社，2012：43.

（3）应用型提问

应用型提问考查学生将学过的知识应用到新的和具体的情境中去解决问题的能力，包括将数学概念、原理、定律、法则、规律等应用到实际中，解答数学试题，绘制图像和图表，正确使用程序或者方法等。应用型提问对学生有更高的要求，不仅要求学生记忆、理解所学知识，内化到自己的认知结构中，而且还要进行识别、选择、加工、整理，将内化的知识外化出来，以解决新的问题这种提问一般在学习新概念、公式、法则、定理后进行。其主要表现形式为计算、解答等。

（4）分析型提问

分析型问题要求学生从整体出发，把材料分解成部分以了解它的组织结构，包括对各组成部分的辨认（因素分析）、对各部分之间相互关系的分析（相关分析）、对各部分组合起来的原理法则的识别（系统分析）等。具体表现：把复杂问题分解为简单问题，厘清已知和未知，找到从已知到未知的可行方法。课堂教学中的分析型提问，充分体现了教师的启发引导作用，通过提问将学生思维一步一步引向深入，带动学生分析问题，让学生从中习得分析问题的方法，从而提高数学思维能力，其主要表现形式为分析、找原因、做结论等。

（5）综合型提问

综合型提问是指把事物的各个部分、各个方面、各种要素、各个阶段连接成整体，找出它们相互联系的规律的提问，这类提问主要考查学生能否把之前已学的各种零散的知识组合成一个整体，形成体系，因而对学生的能力要求较高，其主要表现形式为归纳、设计、组织等。

（6）评价型提问

评价型提问是指按一定的准则，让学生通过分析、讨论、评价优选解法，对事物进行比较、判断、评价的提问。这类问题未必有标准答案，属于开放型提问，评价的标准是学生自身的价值观念，其主要表现形式为评价、判断、说出价值等

2. 从提问的方式看数学课堂提问的类型

从提问的方式，可将提问分为对问、齐问、自问、直问与曲问、正问与反问、

追问和联问等。

（1）对问

对问，就是教师提出问题，请个别学生回答。这种提问，是具有很强的教学针对性、易检性、可控性的对问，不仅仅表现为提问和回答，更是交流与探讨、演说与倾听、欣赏与评价。

（2）齐问

齐问就是教师问，全班一齐回答，这种提问的优点是：方便、省时、易操作。

（3）自问

自问就是教师精心设计问题，将问题提出来后，并不要求学生作答，而是教师自问自答，它能吸引学生的注意，并给学生制造了悬念。自问常用于数学的复习，它不是知识的简单重复，而是着眼于培养学生的多向思维能力，以利于知识的巩固提高。自问还常用于新课引人，其作用是设置悬念，激发学生的学习兴趣和求知欲。

（4）直问与曲问

直问就是开门见山，直截了当地提出问题。而曲问有助于学生澄清杂念，疏通思路，使学生沿着奇道曲径抵达知识的高深层次。

（5）正问与反问

正问就是从问题的正面设问，而反问则是从问题的反面设问正问和反问结合往往加深对知识的理解，使学生抓住事物的本质。

（6）追问和联问

追问，就是对某一内容或者某一问题，为了让学生尽快掌握，往往在一问后再次进行提问，直到学生能正确解答为止。联问，就是对某一知识内容或者某一要研究的问题，设计一组问题链，问问相接，环环相扣，使学生在厘清了每个知识点之后，又能从整体上把握知识的内在联系及结构。

（三）数学课堂提问技能的实施要求

为了实现课堂提问的功能，让学生愉快地学习，让教师轻松地教学，教师在课堂中应该遵循一定的教学原则，并充分结合以下应用要求。

第一，突出教学重点和教学目的。在设计教学问题时，教师应该以教学目标和教学内容为基础，设计针对性强的教学问题。教学问题的设置是为了有效实现教学目标和教学手段。如果教学问题的设计脱离教学目标和内容，那么最终的教学结果无法保障。另外，教学提问一定要明确重点，以解决重难点为重点，突破教学重难点。

第二，问题的设置一定要适中，注重科学性。提问的科学性包括提问内容和提问叙述的科学性。为了保障数学问题和客观规律的有效反映，叙述问题的语言一定要严谨。除此之外，科学性还表现在问题设置太简单，没有启发性，学生会觉得太简单而缺乏积极性；问题设置太难又会出现"问而不答，启而不发"的现象。所以，教师在设计问题的时候一定要科学，根据大部分学生的实际情况设置问题，这样才能让更多的学生掌握知识。

第三，问题要源自生活，注重趣味性。首先，太简单的问题容易使学生思维固化，无法激发学生探究问题的积极性。知识来源于生活，从实际生活中挖掘学科知识，可以让学生充分了解和掌握知识，并从中提炼出有趣的问题，进而激发学生的思考和探索欲望，帮助学生积极地思考、讨论和回答问题。其次，如果是学生熟知的内容，则教师要变换角度，以不同的角度提问，设计有趣、生动的问题，保持学生的新鲜感及探索欲，同时也需要避免认为数学只是一种有趣的活动的误解。

第四，循循善诱，讲究启发性。启发性是数学课堂提问的核心。富有启发性的提问，是激发学生积极思维的信号。同时，也要避免单纯的判断性提问，多用疑问性提问、发散性提问、拓展性提问等能有效促进学生积极思维的提问形式，让学生受到启发，思维品质得到培养，智力水平得到提升。

第五，随机应变，讲究灵活性。课堂教学是千变万化的，教师提出问题后，学生的回答不同是正常的，学生对问题不理解，或者难以回答也较为常见，因此，教师需有足够的思想准备，要冷静并随机应变，实现预设与生成的有机结合。

第六，注重方法，讲究针对性。针对性有两层含义：一是不同阶段提不同程度的问题；二是所提问题恰好是学生的疑难之处。故教师在提问时，需针对问题本身及学生的实际，选择恰当的问题呈现方式和提问方式，使学生乐于思考、乐于回答。提问时，可用直接提问法、情境导入法、讨论过渡法、练习介入法等，无论用哪种方法，教师都要事先精心设计。

第七，面向全体，讲究多样性。教师的提问，要面向全体学生。一是教师需要采取多样化的提问方式；二是教师需安排多样化的学生回答问题。问题需吸引所有学生都能积极参加思维活动，这要求教师必须根据教学目的、要求及学生实际设计难度适中、梯度合理的问题，然后根据问题的难易，有目的地选择提问对象，促使每一个学生用心回答问题，使他们都能在自己已有的知识水平上努力回答出来。

第八，确保评价的准确性，注重反馈。在学生问答的过程中，教师一定要认真聆听，并及时给予评价，提问的教学活动是教师和学生之间的相互反馈和调试，强化反馈的重要前提和基础是教师及时、准确、有效的评价，通过有效的反馈可以提升教学质量。教师评价学生的问答属于信息反馈，可以帮助学生及时改正错误、强化知识和提升学习能力。并且，学生的问答也是反馈教师的一种形式，可以让教师不断提升自己的教学水平。

四、初中数学教学语言技能

教学语言的专业性很强，教学语言是教师为了达到教学目的应用的语言，并且，教学语言还需要教师依据具体的教学任务和要求、结合规定教材以及针对不同的学生对象采用不同的方法进行教学，教学语言属于一种具有审美体验的教学手段，它是教师传授知识的重要媒介，是发挥教师个人创造性的重要依据，是解决教学矛盾的重要手段，是传递知识的重要途径，也是让学生和教学环境保持平衡的重要依据，还是调动学生学习积极性的影响因素。

数学教学语言则是以数学符号为主要词汇，以数学公理、定理、公式等为语法规则构成的一种教学语言。数学教学语言是在数学知识的产生、发展和运用过程中逐渐形成的，是数学内容经过归纳、概括、抽象的一种表达形式。因此，数学教学语言技能，简而言之，就是教师用数学教学语言向学生传递信息、提供指导、培养学生思维、促进学生建立良好的数学个性品质等方面的语言行为方式的一种技能。数学教学语言技能并不独立存在于数学教学之外，而是与数学、与数学教学活动同时存在，它是一切数学教学活动（如传授知识和技能、培养能力和方法、表达思想感情、激发学习热情等）最基本的行为方式。数学教学语言技能是可描述、可观察、可培训的具体教学行为。因此，数学教学语言技能可通过学习来掌握，在练习实践中得到巩固和发展。

（一）数学教学语言技能的功能

教师课堂教学语言，在一定程度上反映了教师的水平能力，显示出教师的形象，更直接影响教学的实际效果。因此，掌握数学教学语言技能、提高数学教学语言水平，是教师在数学课堂教学取得成功的先决条件。数学教学语言技能在教学过程中的主要功能有以下几个方面。

第一，传递教学信息。数学教学语言是信息的载体，是最直接的交流工具，它能准确、清晰地传递教学信息条理清楚、出口成章、针对性强、言简意赅、用语严谨的数学教学语言，学生愿听、爱听，感觉真切，这有利于学生接受各种知识技能。

第二，形成学科语言。语言是思想的直接体现，数学学科的产生、发展和应用都离不开数学语言。教师运用的数学教学语言，对学生逐步形成学科语言起到至关重要的作用。

第三，锻炼数学思维。形象、生动、富有启发性的数学教学语言，能使学生的智力得到发展，能力得到培养，高效率的说明、讲述、推理和论证，要求听讲者思维敏捷、有预见性，在听的过程中，辨析能力、记忆能力、想象能力可以得到锻炼。在愉快和谐、充满智慧、积极紧张的课堂教学氛围里，学生积极主动思考，分析、综合以至理解、掌握所学的内容，从而使思维能力、分析能力、判断能力得到有效提高。

第四，吸引学生注意。生动的数学教学语能吸引学生的注意，激发学生的学习兴趣和积极性。在数学课堂教学中，通过数字语言的熏陶，学生会受到思想的启迪，获得美的享受。

第五，发展教师思维。提高教师的数学语言技能可以有效促进教师的思维品质发展。思维的原材料是语言信息，拓展思维的过程就是加工信息的过程。语言能力越强，思维加工能力就越强。数学教学语言技能的训练可以有效增加教师的数学语言信息储备，可以有效锻炼教师的思维能力和语言表达能力，这对培养教师的思维敏捷度非常有效。除此之外，数学教学语言可以充分表达教师的思想感情，正是通过恰当的语言要素组织语言表达情感，教师的思想情感才能被学生理解；并且，数学教学语言可以充分反映教师的思想感情，通过有效的反馈，教师才能不断修正和补充思维体系。思维和语言的关系是辩证统一的，语言能力的提高代表着思维品质的提高；思维品质的提高有助于应用数学语言管理和发展数学教师的能力。两者相互促进。因此，训练数学教学语言技能可以训练数学教师的思维能力，促进教师的全面发展。

（二）数学教学语言技能的构成要素

1. 基本语言技能

（1）语音

语音是人的发音器官发出来的有一定意义的声音，是语言的表现形式，是语义的依托。在教学中，对语音的基本要求是要规范，要用普通话来讲话，要求教师发音准确、吐字清晰，不使用地方口音。有的数学教师由于带有方言、方音，吐字不清，说数字"10"和"4"不分。数学中经常使用到英文字母、希腊字母，如果数学教师发音不正确，会使学生听不清教师所讲的数学事实。如反正切函数 arctan 的发音，因不同的数学教师发音不同，每当换数学教师时，学生会因听不清而产生思维障碍。

数学教学语言不同于日常语言，不能采取自然主义的态度，要严格控制发音器官的活动，有意识地训练与矫正，力求发出的声音清晰、准确，声母要读得有弹力，韵母要气力充沛，声调要鲜明，音节界线要清楚，字要咬，不要吞，字字落实，不能似是而非，含混不清。戏剧界有一种"吐字归音"的发声方法，就是指声母的喷吐要有力，韵母的归音要到家，使字音圆润如珠。这种发音对于教师进行语音训练是有借鉴意义的。当然，教师要讲一口流利的普通话，经常对照普通话标准音进行方言辩正，正音正字，在讲课时语音准确、清晰，字正腔圆，这是教师不容忽视的基本功[①]。

---

① 刘晓庆.浅议数学教学的语言技能[J].新校园（中旬），2017（05）：142.

（2）语量

语量是指讲话声音大小。语量要符合语言情景和表情达意的需要。讲话声音太小，听不清楚；声音过大，不仅没有必要，而且使人听了不舒服、易疲劳。数学课堂教学的语量，最好控制在使课室最后一排的学生也能听清楚。语量的大小和气息的控制有密切关系。要达到一定语量，就要注意吸气；讲话时，要控制用气。数学课堂口语还要注意语量的保持，教师要把每一句话的最后一个字清清楚楚地送到学生的耳朵里。在教学实践中，教师要善于感悟揣摩，科学合理地把握教学语言的语量，逐步形成控制音量大小的"空间感"和"距离感"，进而根据学生的多少和教室的大小来调节自己的音量。

（3）语调

语调是指讲话时声音的高低起伏、抑扬顿挫的变化。使用语调的起伏来表情达意，增添口语表达的生动性，有利于学生接受知识，促进学生思考。单一语调容易使人精神疲劳，注意力分散。数学教师语调要自然、适度，力争优美。教师的语言必须有丰富语调。教学语调不应是平铺直叙、平淡乏味的，而应有抑扬顿挫、轻重缓急、高低起伏的变化，高亢调、沉重调、短促调、加长调、重音调等交叉使用，形成语调上的一种错综美，学生听起来才能保持精神饱满，兴趣盎然。

（4）语速

语速是指讲话的快慢变化。人们听话的能力有一定的承受量，超负载则听不清楚。课堂口语以每分钟 180 ~ 220 字为宜，过快或过慢都会影响听课效果。数学与其他学科相比具有明显的抽象性的特点，而中学生的形象思维又强于抽象思维，数学课上学生要不断地将教师传递的信息进行思维加工，这就要求教师的语言速度不能太快。数学教师在教学中，要随时观察、了解学生的数学思维情况，以此来调整自己的语速。例如，叙述交代性的语言不需要理解，可以快一点；讲到兴奋愉悦处，可以稍快一些；经过分析、论证引出结论可以直抒己见。快是为了烘托气氛，调动情绪，创设意境。又如，推理或证明的过程应该慢些；引发学生思维时要慢，引导学生思路进入一种宁静平和或抒情的意境时要慢。慢可以给人体会、回味的余地，或者在头脑里进行推理、联想，任思路驰骋的机会。

（5）节奏

节奏指说话时的快慢变化，它与语速有联系但并不相同，每个字音长短时间不一样，句中句间长短不一的停顿，这种长短不一就是节奏。善于调节语言快慢，形成和谐的节奏，同样可以加强口语表达的生动性。数学教学语言的节奏性，可以用来促进学生的数学思维，提高学生思考的效率。

（6）词汇

词是语言中能够独立运用的最小单位。语言是音、义结合的符号系统，而词则是这一系统中最基本的元素。没有词就没有语言。一个人只有具备了一定的词汇量，并能正确、熟练地运用于口头表达中，才具有一定的口语技能。

要熟练地运用口语词汇，在数学教学中要做到：①语言正确——用语符合语法规范，这是让人听得懂的前提；②语言准确——讲的话能准确表达自己的原意和客观事物，讲话不能让人不解其意；③语言精练——讲的话一句有一句的用途，没有不必要的重复，使人听起来爽朗、利落；④语言生动——讲的话富有形象性、可感性，以启发想象、联想，注意选词造句的感情色彩；⑤语言纯洁——选用的词汇是被社会公认的、绝大多数人都能听懂的，不生造词语，少说方言词汇。可见，只有掌握比较丰富的词汇，才能在说话时迅速讲出准确、简明、生动的词句，提高语言表现力。

（7）语境

说话注意对象、场合，能根据讲话环境，纯朴、自然地述说，有针对性地谈话。例如，在正式讲课的场合和在佳节联欢的场合是有区别的，要根据不同需要、不同氛围说不同的话，教师讲课要注意学生的年龄特征、当时的心理情绪，以便选择恰当的说话角度、措辞、口气和语调使说话的感情色彩适合教学内容和学生的需要。

（8）语态

以态势语言（如手势、身势、眼神和面部表情等）帮助说话。语态要自然、大方、适度、不拘谨、不夸张，做到态势语言与有声语言的巧妙配合。

2. 特有语言技能

（1）数学词汇

数学名词是表述数学事实的数学语言的最基本材料，任一数学词汇，都必须确切表示某一数学事实，这就是所谓的某概念、某定义。数学词汇——数学名词的特点是每个名字都代表唯一一个数学事实，如单项式、分式、函数、映射、勾股定理、同一律、等价等都是数学词汇。

（2）数学符号

数学符号是数学学科专门使用的特殊符号，是一种含义高度概括、形体高度浓缩的抽象的科学语言。具体来说，数学符号产生于数学概念、演算、公式、命题、推理和逻辑关系等整个数学过程中，是为使数学思维过程更加准确、概括、简明、直观和易于揭示数学对象的本质而形成的特殊的数学语言。可见，数学的发展史就是数学符号的产生和发展史。

（三）数学教学语言技能的类型划分

在初中数学课堂教学中，通常是讲解数学基本概念、数学公式和数学定理，启发学生应用所掌握的数学知识分析、解决有关问题。在教学语言的设计上要强调语言表达的准确性，同时要具有严密性和逻辑性、一节数学课的教学过程大体上可分为导入新课、讲解新知、课堂提问、课堂小结、课堂评价等环节。教师在进行教学设计时，需要精心设计好每一段教学语言，使得新课导入新颖，过渡自然，新知讲解重点突出、难点突破，提问富有启发性，小结具有精练性，课堂评价具有针对性。教师课堂教学语言的设计包含以下几个方面。

第一，设计课堂导入语言。在教学中，课堂导入语的作用非常重要，它可以为课堂设置"悬念"，激发学生的好奇心，可以让学生明确教学内容和目的，可以充分调动学生的主动性和积极性，激发学生的求知欲，最终实现理解并掌握教学内容的目标。

第二，设计新课讲解。数学教学即数学语言教学。实际上，数学教学就是交给学生相应的概念、定理、公式等。在实际教学的过程中，数学教师在叙述和分析数学的概念时应尽可能简洁明了、条理清晰，另外，也可以运用比拟、比喻等修辞方法讲授教学内容，数学语言的特点是形象生动，比较符合学生的思维方式和心理特点。

第三，设计课堂提问。课堂提问是双向的，教师与学生之间、学生与学生之间，在一问一答之间完成教学活动。教师在设计问题时，应该注重针对性及启发性，并充分拓展学生的思维；另外，问题应该设定一定的难度梯度；问题内容不能脱离教学内容；在提问时，也要根据学生的学习水平有选择性地提问学生。

第四，设计课堂小结语言。课堂小结是指教师根据每一章节总结归纳的知识内容，是对教学内容的整理和归纳，在表达小结内容时一定要准确精练，进而发挥小结语言的作用。通常情况下，小结语言是一些总结性语言和总结解题方法的内容，也是串联和梳理每一个章节的内容，另外，小节的内容一定要精心提炼并反复思考，这样才能保障内容的准确和权威。小结语言也可以称为课堂结束语，小结语言可以有效地总结和归纳每一章的教学内容，给学生留下深刻的印象，因此，在总结时，教师一定要精心设计结束语。结束语的成功标志着教学口语艺术的精炼。

第五，设计过渡语。过渡语言又可以称为转换语言和衔接语言等，是指教学环节之间或大问题与大问题之间的过渡语。过渡语的巧妙运用可以起到上下衔接、深化逻辑以及勾连自然的作用。过渡语也可以作为引路语，可以用来提示和引导学生更加顺利地进入下一个内容的学习。过渡语还是黏着语，它可以将课堂中的内容连接为一个大整体，让学生有层次、系统地学习和掌握知识。过渡语最重要的就是要简洁、自然，让整个教学内容融为一体，且不乏趣味性和艺术性。

第六，设计教师评价语。教师评价语的主要作用是对学生的学习给出明确的指导意见，具有启发性和激励性，学生可以根据教师的评价了解自己的学习情况，并根据教师的意见不断改正和进步，另外，教师评价语还能衡量学生的学习水平，可以起到助力和激励作用，能增强学生的自信心。并且，教师的评价语言一定要尊重学生，因为尊重学生可以激发学生的潜能，进而提高学生的思想道德和知识能力等，教师以积极向上的态度面对学生和数学，可以有效激发学生的学习兴趣，但同时，教师的评价语还是一把双刃剑，如果评价得当，就可以不断激励学生；如果评价不当，则会打击学生的积极性、自尊心和自信心，抑制学生的学习积极性，所以，评价语言一定要正确使用。

（四）数学教学语言技能的运用

数学语言作为一种专业语言，在促进国际交流和各学科之间的理解和沟通方面有着重要的文化价值。然而，对于知识基础薄弱和受到年龄限制的学生而言，要理解用数学语言表述的数学知识是有一定困难的。在数学教学中，教师一般不宜直接使用数学语言作为讲授语言，而需根据学生的心理特征和知识基础，将数学语言转化为容易被学生接受的语言。

1. 数学教学语言的内容选择

数学语言的确切性、精练性体现在教材上，也必须体现在教师的教学语言上，它包括对数学定义、定理、公式和法则的阐述和板书，对某些数学事实的分析与讲解，对解题思路方法的讲述，对课堂内容的小结等。数学教师还要掌握各种教学语言。此外，还必须从教师个人的特点出发，研究如何选择数学教学语言。数学教学语言包括通俗语言，教学型数学语言，文字、符号混合型数学语言和符号型数学语言。

（1）通俗语言

通俗语言①生动形象，易于理解，教师可挥洒自如，听着亲切自然，容易得到情感上的认可，易被学生接受。在使用通俗语言时，教师要十分注意，若它所表述的数学方法或数学事实不够明确或不恰当，容易造成学生的误解。因此，用通俗语言表述某个数学方法时，必须对所指数学问题的条件、适用范围，甚至每个词的含义及它隐含的意义交代清楚，分析透彻。

（2）教学型数学语言

教学型数学语言是指教师将书本上的数学语言重新组织，用符合数学逻辑、语言逻辑的语言讲出数学事实，特别是在课堂教学中，教师要用语言讲解数学概念、定理、方法，但又不能完全使用书本上的数学语言。因为对学生而言，书本上的数学语言过于抽象，不易理解。而教学型数学语言表述的数学事实完

---

① 通俗语言，也称为自然语言，即人们平时使用的口头语言。

整、准确，又十分细致，它把数学语言变为长句子，易于学生理解、接受。教学型数学语言是每位数学教师课堂上一定会使用到的语言，数学教材中的任何部分都可用它来进行教学。教学中，教师常把书本上的数学语言转为教学型数学语言。

（3）文字、符号混合型数学语言

文字型数学语言是指完全用文字叙述一个数学事实，而且是最简练的语言。数学书籍、论文中的定义，定理的纯文字表达的语言都是文字型的数学语言。符号型数学语言是指由数学符号构成的人工语言。它是由一些数字、字母、运算符号和关系符号等，按一定法则构成各种数学表达式。文字、符号混合型数学语言是指上述两种数学语言的混合使用，这是数学教材、数学文章和数学教学中更为广泛使用的数学语言。数学教材中，大量使用符号型语言进行逻辑推导、证明或计算，虽简洁准确，但也抽象深奥，教师要根据学生的理解程度，适当插入简明的文字型数学语言，以帮助学生理解。文字型数学语言较符号型语言易接受，文字型数学语言是学生进一步掌握符号型数学语言的基础。

2. 数学教学语言技能应用要求

从教学的内容、教学的对象——学生运用语言等角度出发，在数学教学语言技能的运用中，应遵循下列要求。

（1）善用数学专门语言，并与通俗语言巧妙结合

数学教学语言是学科的教学语言，数学学科有自己的概念、理论，并通过它们所构成的理论体系来揭示其客观规律。这类概念理论系列，是用专业术语来表达的。

（2）数学教学语言导入用词准确，合乎逻辑

讲一段话，必须符合事物自身发展变化的规律，合乎人们认识事物的规律，也就是说必须合乎逻辑，这是数学内容科学性的重要保证。

（3）数学教学语言要有教育性

教育性是由学校工作的总目标和教师的职责决定的，教师的根本职责是教书育人，教师在课堂上的讲话（课外也一样），既是在传授知识，又是在进行思想教育。教师的教学语言对学生的思想、情感形成有潜移默化的影响。一般

而言，学生的年龄越低，这种影响越大。课堂口语的教育性，是与所教内容紧密结合在一起的，教育应该随时渗透，启发诱导。

（4）数学教学语言要严谨流畅

数学教学语言的严谨性要体现在教师课堂教学的每一句话。对学科内容的阐述，有些内容必须要精准。教师对课上每一小段知识的教学，都要设计好主要教学语言，表达时才能紧凑、连贯。

（5）数学教学语言应该具备启发性

具有启发性的语言的主要作用是启发学生充分认识学习的意义和目的，不断激发他们的学习积极性和求知欲；启发学生演绎推理、分析比较、总结归纳，可以激发学生的思辨能力，引导学生正确分析和处理问题；启发学生养成良好的审美情趣，不断丰富学生的精神世界和思想情感。教学语言的启发性需要教师做到以下三点：一是教师一定要尊重学生，关爱学生，以饱满的情感教导学生；二是教师应该将新旧知识的联系以形象化的形式展现给学生，让学生更轻松直观地学习和掌握抽象的知识，不断激发学生的联想和想象，进而起到发散学生思维的作用；三是教师要善于抓住教学内容的发展规律和内在矛盾，在组织教学语言的过程中以提出矛盾、解决矛盾的方式引导学生形成正确处理矛盾的习惯，帮助学生形成积极思考的习惯。

（6）数学教学语言应该具备动机性

教师在讲课的过程中，教学语言一定要结合学生的思想，保持和学生的接受水平一致。通过观察学生的反应灵活地调整说话的方式和组织语句的方式，让语言更易被学生接受。除此之外，教师在教学时还要积极负责，备课时不仅需要对教学语言进行慎重思考，还要充分考虑学生的学习情况和行为，做好灵活运用语言的准备，并对讲授的学科内容了如指掌；需要具备丰富的心理学相关知识，具备较强的观察力和判断力；还要具备较高的文化素养及丰富的语言词汇。

五、初中数学教学板书技能

数学板书技能是教师在黑板或投影片上书写文字或其他符号的活动方式。从信息传播学的角度来看，教学过程是信息传播的过程。教育信息按其表现形式可分为形象信息（如实物、代替物、模拟物及人的非言语行为）和符号信息（如知识的概念、定理、公式、教学等言语符号）。而教学上的数学板书则既有形象信息，又有符号信息，它是一种视觉符号，它是通过文字、图形、色彩、结构等直接刺激学生的视觉感官来传播教学信息的。

数学板书可分为两种：一是教师根据教学内容概括出来，提纲挈领地反映教学内容的文字或其他符号，它往往写在黑板或投影片的显要位置上，可称为主数学板书；二是作为主数学板书补充的注释性、提示性、示意性等具有一定随机性、临时性和局部性特点的其他符号，这种数学板书可称为副数学板书。

（一）数学教学板书技能的作用

数学板书的作用主要有以下几个方面。

第一，提示逻辑结构，便于学生和教师的连贯思考。板书的作用是帮助实现教学目标，可以更精炼地展示教学内容，展现教材结构。在推导公式的时候应用适当的板书可以让整个推导过程变得更加清晰明了，方便学生跟上推导过程和思路，也便于学生记忆。在运用板书的过程中，教师可以根据教材的提纲简要表述课堂内容及推导的线索，突出教学重难点，便于学生形成知识体系，帮助学生更好地理解和记忆。因为板书是随着教师的讲授内容不断展开的，所以学生在学习的过程中自然就会将注意力集中到教师的各种状态、动作和讲授内容中。

第二，强化直观的教学内容，增加感官刺激。板书可以非常直观地展现教学内容，有助于增强教学效果。板书包含形象的组织结构、简明扼要的信息及丰富多样的语言符号和不同的色彩搭配，可以给学生强烈的感官刺激，强化学生的记忆。所以，教师在教学的过程中，一定要恰当地应用板书，将关键信息呈现在板书中，从而起到加强刺激的作用。

第三，激发学生的学习积极性，帮助学生集中注意力。板书中的文字、表格、图像及简笔画等形式具有多元化、简洁的特点，对学生来说，可以产生很强的视觉冲击，让学生产生强烈的刺激和感染，进而激发学生的积极性。

第四，有效突出教学重点，深化教学内容的理解。板书是将教学内容简化呈现给学生，突出教学的重难点。因此，板书设计一定要目标明确、条理清晰、语言简练、内容紧扣主题，这样才能给学生留下想象的空间。

（二）数学教学板书技能的要素

初中的学科教学中，板书的应用非常常见。相比于其他的学科板书，数学板书的特点很明显。在数学教学中，比较常见的是数学符号，因此，在设计板书时，会有很多符号，文字会少一些。除了文字符号，还有图像和图形。另外，数学板书涉及的内容还有公式推导、定理证明以及解题思路等，因此，数学的板书量比较大，比一般学科的板书量多。除此之外，在绘制图形的过程中，数学板书需要呈现绘制的过程，并且带有一定的试探性以及模糊性，所以教师在绘制时需要手动绘制，不能以其他的形式代替过程，所以，数学板书相比于其他板书更具挑战性，且要求更高。

数学中的很多内容，如定义、定理、公式、法则、数学符号或数学公式的变换推导，都比较抽象，逻辑性强，思维严密。因此，数学板书不仅要体现教学内容，还要体现数学知识的发生过程和其中蕴含的数学思想方法。另外，数学板书常常涉及许多图形，如黄金分割图形、圆锥曲线以及各种函数图像，这些图形往往风格独特，简约内敛，与美学联系紧密，甚至成为美学上的一些示例，所以在众多学科板书中，数学板书最容易让学生体会到美的享受。

板书的构成要素主要表现在以下方面。

第一，主板书与副板书。数学课堂板书一般分为主板书和副板书。主板书是指需要保持一节课的内容，如教材中的重点、难点、关键点及主要的定义、性质、定理、公式等，其目的是便于教师小结，便于学生理解记录。主板书是整个课堂板书的骨架。副板书则是指教学过程中可以随时擦掉的内容，如计算过程、证明过程，以及根据学生反馈临时写在黑板上的其他内容，是主板书的具体补充和辅助说明。板书不是讲授内容的重复，而是教学内容的加工和提炼，应起到画龙点睛、提纲挈领、深化理解和巩固提高的作用。教师在备课时要精心设计板书，对整节课内容做统一安排，对可作为主板书或副板书的内容做到心中有数，使板书布局合理、详略得当、重点突出、条理清楚。

第二，书写和作图。数学板书中的内容，特别是例题的演算和推证、定理的证明都要给学生做示范。在数学教学过程中，教师的板书主要是书写和作图。

书写的主要对象是文字和数学符号，作图的主要对象是函数图像和几何图像。书写数学文字、数学符号时要工整清楚、大小适合、符合规范。数学板书除了书写外，还要作图，不仅要作平面图，还要作立体图。作图时，要做到准确无误、清晰直观，并要注意大小比例恰当，易于分析和启发学生思维。作图对数学教学有着重要的意义，它不仅能培养学生的动手能力和自主探究能力，也能培养学生的创新思维。在作图教学过程中，尽量使用作图工具。另外，教师还要掌握基本的手动作图技能。特别是教学中对一些问题的分析，常需要作一些辅助性的草图，而手动作图往往比工具作图更为方便有效，更便于学生的理解，更符合人的思维习惯。优秀的数学教师往往具有较强的手动作图能力。

书写和作图最基本的要求是让学生看得清楚。如果学生看不清楚很容易影响学生对教学内容的理解。实践表明，部分学生数学学习效果不好与看不清黑板的字迹有一定的关系。另外，教师的板书态度、作风、习惯等往往会成为学生模仿的对象，对学生起到潜移默化的影响。

第三，编排内容。板书内容并不是所有的教案内容，是教案内容的缩影。板书内容的要求是可以系统、科学地概括和反映教学内容的知识架构。教师在设计和编排板书内容的过程中，应该从板书标题设计、表现形式、内容出现顺序、文字的详细程度以及内容的相互关系等方面进行综合考虑。一般的板书内容出现顺序是根据新课的标题和导入顺序以及内容而定的，且不同的情况，标题的设置也不同，一般演绎法的课堂类型通常会先写再讲，突出学生的思维连贯性，但在归纳法和发现法的课堂类型中，会先探究再板书，再讲解，如果先板书，就没有探究的意义了。

第四，版面的布局。板书的布局就像园林规划一样，应该整体美观、协调，令人适意。合理的板书布局有利于教师的讲解，有利于学生的思考和领会。主板书是一节课的主要教学内容，也是整节课保留在黑板上的内容，一般是知识点梳理、问题分析论证和推导解决过程的内容。副板书是可以在黑板上随写随擦的板书，通常是提醒学生注意的数学概念、数学符号，启发学生思维的草图，以及学生的板书演示等。副板书也要注意局部内容的完整性。副板书通常写在黑板的最右边，在中小学数学常见的过程式教学中，常常把解题的分析思路写在副板书上，而解题的具体过程写在主题板书上。对于主副板书布局还要考虑板次，以便学生理解记忆。另外，布局还包括合理安排板书与教学挂图、屏幕投影的位置等，以利于学生听课、观看和记录。

（三）数学教学板书技能的类型划分

数学是思维的体操。我们在数学教学中要借助于文字、线条、图形、符号等，利用色彩配合、形象透视等方法，创造出内容美与形式美和谐统一的数学板书，增强学生的记忆和理解，培养学生的数学思维能力和推理能力。

数学教学板书讲求科学性，层次分明，条理清楚，形象直观，有利于突出重点，突破难点，它是落实教学目标的重要手段。所以，在课堂小结时要充分利用板书教给学生学习的方法。

数学板书大致上可分为七种类型：提纲式、过程式、图示式、比较式、表格式、概括式和综合式。应该指出，这样的分类不是唯一的，各种类型之间的区分也不是绝对的，但为了更好地研究板书技能，做一定的分类又是必要的。

第一，提纲式板书。提纲式板书是指教师根据教学内容进行分析、综合，用精要的文字归纳出若干知识结构、重点和关系的提纲或提要形式的板书。提纲式板书的特点是用精练的语言对有关内容进行高度浓缩，省略了细节，要突出重点、要点，而且条理清楚，体现了知识的层次结构，它可以有效地揭示教学内容和引导学生学习，加深理解和增强记忆效果。

第二，过程式板书。过程式板书是对教学内容进行逐步呈现的板书，包括对数学教学中常见的定理、公式的推导，例题的证明及运算求解等。过程式板书是数学板书的精华部分，重点在于过程，它揭示了数学知识发生过程和学生认知过程，体现了数学的思想和方法，有利于培养学生的推理论证能力和运算求解能力。在数学性质发现及论证、运算与求解的教学中经常用到过程式板书，这也恰恰符合认知理论的实践。另外，过程式板书有很强的逻辑严密性，对学生的思维发展具有很大的启发性。

第三，图示式板书[①]的特点是能够直观形象地呈示有关内容的联系和变化

---

① 图示式板书是指运用文字、数字、线条或其他符号将知识、内容按一定联系组合起来的板书。

规律，它经常在对某个课题内容进行分析、归纳、推理或将相关知识内容联系起来时使用。由于图示式板书具有形象、直观的特点，所以较容易引起学生的注意，便于学生对数学知识进行分析和比较，促进学生思考与记忆。如果条件允许，可以根据教学内容的需要，也可以将图形制成电子文稿，借助于多媒体教学技术，通过投影仪进行展示，这样既节省时间又能多次反复使用，可以有更好的直观效果。图示式板书体现的数学知识丰富，在实际教学中的应用范围很广，按其内容之间的关系可以分为总分型、线索型、流程型等。但不管使用怎样的图示式板书，板书作为教学内容中不可缺少的重要组成部分，都要讲究整体性、知识性、形象性和科学性。

第四，比较式板书。比较式板书是指将有关教学内容按一定规律排列起来而形成对比形式的板书，这种板书因为直观形象的对比关系而直接刺激学生的视觉感官引起对比感觉，从而引导学生积极进行观察、对比，使有关知识内容的内在联系在这种板书中得以更好地呈现，它有利于学生找出联系与区别。

第五，表格式板书。表格式板书是指根据数学教学内容对研究课题进行分类、对比并以表格形式出现的板书，它的特点是化繁为简、对照鲜明，便于学生加强对知识的记忆、分类、归纳、对比，有利于培养学生的数学系统化分析思维。

第六，概括式板书。根据某个课题内容或某个知识的特点进行归纳、概括的板书就是概括式板书。这种板书能较好地展示有关内容或知识的特点，有利于引导学生观察，从中发现规律，加深对课题的认识。

第七，综合式板书。把课题中或知识的各个部分联成一个统一整体的板书就是综合式板书。由于把相关知识内容按一定的联结方式组合起来，使知识间的联系得以沟通，所以它有利于学生从整体上掌握知识，建立良好的认知结构，有利于记忆和知识迁移。

（四）数学教学板书技能的具体应用

1. 数学板书的应用重点

数学板书是教学中不可缺少的部分，是师生交流的一种手段，运用板书时要注意选择适合的板书类型，并与数学语言、多媒体、课堂情境相结合，以提高课堂效率，启发学生思考，促进学生对数学内容的理解和记忆。

（1）数学板书类型的选择

数学板书的类型有多种，但各种类型板书的应用范围不一。按表现形式来看，提纲式板书常用于课堂小结和复习，侧重对知识的概括和归纳；过程式板书常用于论证推理、解题教学之中，是数学教学的重中之重；图示式与表格式板书表现灵活，利于揭示知识结构，不仅能用于数学知识的分析和比较，也能用于归纳和总结。每一种板书都有自己的劣势和优势，设计板书时，应该根据教学课型、教学内容而定。在实际教学中，往往要综合使用多种类型的板书，优势互补，力求达到最好的效果。

（2）数学板书应用要点

第一，紧扣教学，精心设计。在课堂组织教学中，板书只是执行教学计划的一部分，设计板书要注意两点：一是教学内容；二是教学目的。教学内容是设计板书的依据，决定着板书内容的取舍，教学内容不一定全是板书内容，而板书内容体现了主要的教学内容。教学目的决定着板书设计的主题和结构，甚至影响板书的语言。只有将这两点有机地联系起来，并以此为出发点来设计板书，才能发挥其在完成教学任务方面有力的辅助工具的作用。

教师在备课的时候，应按照教学内容的知识结构设计板书，紧扣教学目标，合理谋划布局。在组织教学时，板书要体现各部分之间的关系，如从属关系、并列关系、因果关系或递进关系等板书要体现学生的认知过程和思维过程，讲究先后次序，哪些内容写在前面（为后面知识的学习做铺垫），哪些内容写在后面，都应该有章可循。

第二，言传身教，注意示范。规范的板书是教师言传身教、释疑释惑的重要途径，也是让学生耳濡目染、立身做人的有效方式，板书是无声的语言，通过规范的板书可以帮助学生提高数学表达能力，养成良好的解题习惯。个别同学解题不规范，步骤不完整，字迹潦草，作图不清晰，数学语言运用不准确等，这些或多或少地与教师日常的板书不规范有关。板书的规范体现在很多方面，如标题醒目，内容结构严谨，文字符号书写工整，解题步骤书写规范，设计合理等，板书的整个版面应整洁清晰，重点突出，疏密得当，错落有致，具有和谐美及整体美。

板书的示范性应注重两个方面：首先，数学板书的内容不能出错，内容要完整。数学教学是严谨的，数学课堂教学很大一部分时间用在数学板书上，板书内容是数学教学的重点。如果板书内容出现了错误，就会带来不良的影响。例如，在初中入门教学中，出现 $(-3)^2$ 和 (-3^2) 两个式子，无论在意义上和语言表达上它们都有很大的不同，而这恰恰是容易出错的地方，教师在板书和语言表达时都要十分注意。因此，要求板书的内容一定要正确，要有科学性。其次，出现在板书上的文字、数学符号及数学图形都必须准确、规范、科学。文字要规范，笔顺要正确，要写标准简化字，不写错别字和繁体字，一行字要写平直。数学符号要符合标准，要注意新旧教材的不同，不写个性化的数学符号。作图要准确、直观，尤其在中学数学入门作图时，尽可能用辅助工具作图，要养成良好的习惯。

优秀的板书应像一份专刊，字迹美观，数形并茂，重点醒目，疏密有致，布局均衡，不仅给学生树立模仿的榜样，也给人以美的享受。此外，板书具有很强的示范性，它对学生个性品质、作风和思想都是有影响的，所以不得不引起教师的注意。身为教师，平时在黑板上的书写和作图都应做好表率。

第三，条理清楚，计划合理。板书的目的在于启发思维，强化记忆，激发兴趣。一般情况下，数学教学内容都有一定的层次性、思维的连续性和严密的逻辑性，这些都给学生在学习数学时带来一定的困难，而层次分明、条理清楚、逻辑性强的板书有助于学生的理解和记忆，也有利于学生进行思维训练。所以设计的板书要条理清晰，有主有次，一条主线贯穿始终。同时，在实际教学中，教师板书要有计划性，要根据教学目标精心设计板书内容，根据黑板的大小确定板书的格式，预设好板书位置。

第四，高度概括，力求简洁。数学板书是随着口语讲述将内容逐渐呈现并保留于黑板，因此简洁性很重要。简洁不仅指数学语言，也指问题分析过程和推证思路，还包括依据图形选择简洁推证思路，适当地运用符号语言，设计明晰的几何图形，对于一道题、一节课的教学成功具有重要意义。

第五，直观启发，艺术性强。板书时，应该让所写内容尽量直观，使学生在理解上不至于产生困难。板书是教学的一个手段，如果板书内容具有很强的直观性，那么学生在听讲时将会事半功倍。另外，通过教学，要让学生体会学习内容中所蕴含的数学思想和方法，提高学生的数学思维品质，为此，在板书时要注意启发性。好的板书能很好地由浅入深地体现知识的内在规律，提示不同知识的区别与联系，进而激发学生思维，启发学生思考。

2.数学板书技能应用的注意事项

课堂教学中使用数学板书的目的是为了解释有关课题的本质特征，引起注意，启发思维，增强记忆，辅助口头讲解。数学板书大多是实时进行并呈现刺激学生视觉感官内容的一种持续刺激媒体。在运用数学板书技能时应注意以下方面。

（1）数学板书要简洁准确

首先，每节课的时间是有限的，数学板书不能占用太多时间；数学板书的空间（黑板或投影仪）是有限的，数学板书不可能包罗万象。其次，数学板书大多时候是口头讲解的辅助手段，起补充作用。最后，中小学生知觉分析与综合统一的水平较低，观察的目的性、精确性相对笼统、模糊。所以，数学板书应尽量突出事物的特征，应追求少而精的效果，要用简练、准确的文字、符号来引起学生的注意，揭示课题的含义。

（2）数学板书要美观形象

数学板书应在形式、色彩、字体及图线等方面综合考虑，设计美观、形象的数学板书能使学生对材料更好地理解和记忆。

（3）数学板书要变化多样

数学板书是反映教学内容的，而教学内容是如此丰富多彩又具有不同的教学目的，就使得数学板书必然是多样化的。另外，刺激物具有新颖性是使学生注意的基本方法，所以数学板书就经常要有一定的变化。数学板书的多样性主要表现在四个方面：形式、色彩、字体、次序。

第一，形式。数学板书的形式除了前面提到的，还有很多形式。当然这些"式"之间多少有些重复，但各"式"之间，确实各有所长，应当根据课题要求而使用。

第二，色彩。色彩是最大众化的无声语言。黑板白字或白板黑字由于衬托对比使其成为最适宜的视觉感官刺激，而适当地运用颜色的变化来造成刺激的差异性可以唤起学生注意。色彩的运用是很常见的。如大家所熟悉的标出重点字词，给结论性质加框（画线）等。

第三，字体。字体的变化如果偏离它们所处的环境或偏离学生预期的结果，就会造成差异的刺激，使学生有一种新颖感、惊奇感和独特感。

第四，次序。数学板书次序是使数学板书具有启发性的重要手段。在数学板书的设计中，不仅是形式、色彩、字体和次序某个方面的变化，而且还有这些方面的变化组合，才使得数学板书丰富多彩。板书还要注意与其他教学活动相配合的次序，而这种配合的次序首先是与板书的配合。板书的书写、图形的绘制、媒体的演示、讲解的分析，都要注意教学中次序的控制。板书要把握好次序，避免随意性。同一幅数学板书，教师板书与其他教学活动是否做到次序的灵活配合，教学效果也会不同，在运用数学板书时必须充分考虑这一点。

（4）数学板书要布局合理

首先，学生一次只能注意到数学板书的一部分，其中能看得最清楚的只是视野中很小的中心部分；其次，数学板书是受教学内容、教学目的、黑板空间制约的。为此，教师在课前必须对整个数学板书做出整体的设计。

第一，突出教学的主要内容。人的注意是具有选择性的。美国的心理学研究证明，观众在观察一幅图时，较多是从左上方开始的。因此，应把重要的内容写在黑板的左上和左下区域，如果有重要内容只能写在右下方，则可用　定提示手段（如箭头）把学生的注意力引向相应的位置。

第二，设计数学板书的次序。中国人的阅读习惯一般是自左而右、自上而下进行的，所以教师在课堂的数学板书也应遵循这个规律。

第三，预估板书的保留时间。数学主板书反映的是课题的主要内容，是要求学生掌握的东西，它与前文、后文有一种承启关系，是全课数学板书的基本"构件"，所以它通常要做较长时间的保留，特别在低年级，主数学板书往往保留至课的结束。数学辅板书是作为数学主板书的注释性、解释性的文字或符号，一般具有较大的随意性，只起着临时性的作用，所以这种板书往往只保留较短的时间。

第四，使用适当的字体图形。数学板书是作用于学生的视觉器官的，所以数学板书的字体、图形的大小应使所有学生能不费力地看清楚为宜，字（图形或其他符号）距、行距要疏密适宜，字体要端正，才能使学生看起来不易疲劳。

第三节　核心素养下初中数学高效课堂构建

随着素质教育的不断深入，人们对教育的关注不仅局限于知识的传播，更加重视教育对人才培养的重要性。核心素养已经成为教学改革的高频词汇，但是就目前的初中数学教学而言，教师对教学目标的制定依然不够准确，严重依赖传统的教学方法，因此，需要对教学不断地进行改革和创新，"不仅要具备一定的专业素质，还要具备较高的综合素质"[1]。

核心素养视角下初中数学高效课堂构建主要有以下方法。

第一，结合生活实际提升课堂教学效果的方法。教学中，教师对教学案例的选取要贴近学生的生活实际，对数学的阅读材料进行有计划的设计整理，并且应用多媒体对相似的案例进行总结，然后统一进行管理，合理安排教学时间和教学顺序。同时，教师要对数学的整体结构进行调整，多讲解解题方法，提高学生解答问题的能力。

第二，因材施教，开拓学生数学思维的方法。因材施教，开拓学生数学思维的方法：首先，数学教师要根据学生特点有计划地设计教学；其次，教师要依据学生特点进行层次分类，对有相似数学问题的学生进行集体辅导，这样不仅可以节省教师对知识点重复讲解的时间，也有利于学生对知识点的有效吸收和把握，促进学生的共同发展；最后，教师要科学地设置问题，开拓学生的数

① 冉毅海.论初中数学学科的核心素养的培养方法 [J]. 中外交流，2020，27（24）：277.

学思维，引导学生在解决问题的过程中进行独立的思考，促进学生的健康发展。

第三，构建有效的教学评价体系，提升课堂教学质量的方法。在初中数学教学中，教师要充分认识学生在学习方面面临的不足，同时还要善于发现学生在学习方面所呈现的天赋，通过赞扬与批判性评价相结合的方式，让学生对自己的整体发展有一个清楚的认识，从而激发学生的学习自信，培养全面型人才。同时，教师要充分激发学生对新问题的探究能力与好奇心，使学生发挥其团队协作能力，进行合作教育，创设良好的学习氛围，有效激发学生对数学课堂的兴趣，提升数学课堂的教学质量。

第四，运用科技手段，构建高效课堂的方法。互联网的快速发展为教学提供了更加新颖的教学方式，微课教学越来越得到学生的认可和支持。初中数学教师可以利用微课对每一章节的知识框架进行梳理，使学生能够清晰理解整本书中知识点间存在的关系，也可以让数学知识更加直观化，由此可将复杂的数学问题通过简单的方式进行讲解，便于学生理解。

同时也可以活跃课堂气氛，改变学生对数学枯燥、死板的印象，让数学教学"活"起来，特别是在进行几何知识的讲解时，教师通过视频展示几何图形的分解过程，学生一眼便可明白立体图形的表面积的计算方法与构成，从而提高教学效率，构建初中数学高效课堂。

第三章　基于核心素养的初中数学的教学模式

随着素质教育的不断深化，学科核心素养的培养逐渐成为初中教育的重要任务，初中数学教学模式也基于此进行了全面的创新与改变，加强学科核心素养培养，不但能够有效改善数学教学效果，还能全面提高学生综合素养。本章重点围绕初中数学探究式与支架式教学模式、初中数学的情境与分层教学模式、初中数学的翻转课堂教学模式、初中数学的微课教学模式与设计展开论述。

第一节　初中数学探究式与支架式教学模式

一、初中数学探究式教学模式

"探究"顾名思义就是"探讨研究"之意。"探究式教学是指在教师的指导下，学生通过类似科学家的探究过程，主动参与到发现问题、寻找答案、理解科学概念和科学规律的本质的过程中，以培养学生科学探究能力的一种教学过程。"[①]探究式教学的实质就是在教师的指导下，采用分组的形式，以合作、探究为基本方法的一种教学活动，这种教学充分体现了以学生为本的理念，实现了学生从被动学习到主动学习的转变，从而能够培养学生的科学探究能力和创新意识。合作探究则是利用学生集思广益、思维互补、思路开阔、分析透彻、

---

① 王战平. 初中数学探究式教学模式研究 [J]. 林区教学，2011（9）：89.

各抒己见的特点，使获得的概念更清楚、结论更准确。合作探究能促进学生思想情感交流，培养团结协作精神，构建民主和谐气氛，养成良好个性品质。

　　探究式教学突破了传统的以知识传授为中心的教学模式，强调必须以学生的学习为中心，选取最能培养学生学习能力的形式，倡导以学生的学习为中心，突破了以知识传授教学为中心的传统教学模式。初中数学探究教学模式的应用，不仅使学生获取了数学知识，还使学生在学习的过程中掌握了科学的方法，培养和提高了学生的思维效果和创新能力，调动了学生的学习积极性，使学生主动参与到学习和教学活动中，提高了学生的综合素质和能力。

（一）初中数学探究式教学模式的特征

　　提问、假设、制订计划、实验、收集数据、分析论证、评估、交流与合作等阶段的汇集，属于一个相对完整的探究过程。教师在探究过程中的每个环节、每个阶段的工作都是为了更好地指导、鼓励和激发学生学习，为科学探究活动创造良好条件。在科学探究过程中，由于师生各自发挥着不同的作用，且学生自主探究的程度及成果存在一定差异，所以学生在探究过程中涉及的要素也就不同。初中数学教育课程的改革创造了探究式教学模式。科学探究活动的根本目的是为了使学生在亲身经历科学探究的同时，掌握科学探究的方法，培养学生学习数学的兴趣，并使学生在学习、体验和感受数学知识的过程中，学会发现问题，然后针对问题提出初步的解决思路，通过分小组辩论或集体讨论等形式设计解决问题的方案，最终得出结果，并对问题解决过程进行评价，从而提高学生数学知识的学习能力，激发和培养学生的探究能力和创新精神。初中数学探究式教学的基本特征，实际上就是探究性学习过程所包含的以下六个方面。

　　第一，开放性。虽然探究问题基本来自书本，但问题的载体是多元化的，具体可根据学生的实践情况而定。探究题目的范围可大可小，内容可深可浅，而并非单一固化。自主探究及有引导、有组织的探究形式都是可行的。

　　第二，问题性。某一具体化问题是探究性活动的动机。问题是打开思维空间的关键，问题的出现使学生解决问题的欲望和冲动被强烈激发出来，为学生提供了学习动力。由此可见，教师应当关注问题，并精心设计问题，适时提出问题。最好是在生活中发现丰富多彩的数学问题，从而引导学生解决问题。

第三，互动性。互动性在初中数学探究式教学中是十分重要的。课堂互动不仅可以调动学生学习的积极性，激发学生探究的欲望，还有利于创造探究式的教学环境。教师在整个探究教学过程中都应当尊重学生的选择和意见，通过课程互动的增加创造探究教学的氛围。将互动因素加入教学中，既可以拓展学生思维，又可开展丰富多彩的创造性活动。由于对科学探究活动的模拟行为是探究式教学的实质，所以探究活动的增加往往可以提升学生在探究教学活动中的观察力、思考力、创新力，并更容易领会科学的研究方法。

第四，渐进性。初中时期实际上是学生学习习惯与探索意识的萌芽期和养成期，探索能力相对薄弱。所以要将学生学习方式转变的递进性及可接受性加以充分考虑，并融入实施探究式教学中，要本着由简单到复杂、由易到难的循序渐进原则。

第五，合作性。相互合作、交流和协调是探究过程中学生应当做到的基本内容。学生可以在合作与交流的实践中按照一定规则进行讨论，将自己的观点准确地表达出来。使他人接受自己的想法是人与人之间合作的基础，在坚持原则的同时也要尊重他人。学会在合作中倾听他人的意见，并进行深度思考，改进自己的探索方案。学会善待批评，审视自己的观点，以获得更正确的理解和认知。学生在相互合作的过程中，可集思广益、拓宽思路、思维互补、深入分析，积极表达自己的观点，从而获得更清晰的概念、更准确的结论。通过合作小组学习活动，可提高学生的领导意识、社会技能和民主价值观。

第六，综合性。学生在初中探究式教学活动中所面临的问题往往是综合的且复杂多变的，干扰因素相对较多。由于拟解决的问题具有综合特性，解决探索性问题不可单一化，需要综合运用多种知识，可能同时涉及多种学科知识和技能。对于难度较大的综合性问题，教师可以将问题拆分化成多个简单体，引导学生逐步分析问题的各种影响因素，帮助学生掌握问题的关键点。

（二）初中数学探究性教学模式的内容

探究式教学的诞生对积极倡导教学方式改革有重要的指导意义，即使它仅是一种新型的基础教学模式。然而，这种新型的基础教学模式并不适用于所有的教学内容。一些过于抽象的概念性的内容，以及受到时间、空间、学生基础知识和学生探索能力制约的初中数学教学课程就很难进行探究教学。所以我们应当先将初中数学知识体系的要求和特点，以及教学计划的安排、学生的思维逻辑等因素进行综合性考虑后，再来选择适合的探究内容。

第一，趣味性探索内容的选取。好奇心和探究欲是初中阶段学生共有的一种天性。探究性学习内容的选择应当与学生的现有知识水平、兴趣，以及领悟能力和他们的经验相适宜。

当学生的好奇心得到满足时，他们就会有一种成就感。所以在选择探究内容时，应尽量选择能够激发学生内在学习动机和探究兴趣的内容，从而激发出学生的探究欲。相关实践数据表明，能结合教材内容、贴近学生实际生活、吸引学生的学习材料，可引导学生刻苦钻研、积极思维，并在一定程度上推动教材内容的革新与发展。

第二，选择便于学生实践和交流的内容。探索性学习离不开学生的切实实践和交流。学生可通过亲身体验和充分交流对数学知识进行更深刻的思考与理解。学生在不断探索的过程中不断积累数学实践和经验，将教学内容牢固掌握。在交流的过程中，学生可以将数学实践和经验更好地转化为数学知识。

第三，选择能够提高学生思考能力的内容。中学数学中的重点内容、核心知识是探究性学习内容的选择方向。此外，选择的课题内容应当对学生的理解能力和创造性思维力有促进和提高的作用。学生的生活实践，以及学生的社会生活实践等，都是研究性学习内容的最佳选择。需要注意的是，教学内容的选择要适合学生的年龄特点以及现有的能力水平。发现问题和解决问题的过程实际上就是探索性学习的过程，所以在该方面内容的选择上，需要坚持以问题化为原则，以问题为中心组织教学内容，使学生学习并具备带着问题去思考的能力和习惯，从而提高学生的思考能力和学习能力。

二、初中数学支架式教学模式

"支架式教学"[①]是一种教学模式，是一种改变传统的教师主宰课堂的局面，

---

① 支架式教学（scaffolding instruction）应当为学习者建构一种对知识理解的概念框架，用于促进学习者对问题的进一步理解。因此，事先要把复杂的学习任务加以分解，以便于把学习者的理解逐步引向深入。

从而构建教师和学生互动、共同参与课堂活动的教学模式。"在教学过程中，教师通过一套特定的概念框架来帮助学生理解特定知识、建构知识意义的教学模式，借助该框架的支持与帮助，学生进行独立探索，最终能够完成任务或解决问题。"①。

（一）初中数学支架式教学模式的实施方法

第一，通过设置相关的情境吸引学生的注意力。沉浸式学习是让人们感受到书中所含知识的最佳方式。教师可灵活运用场景设置的方法，让学生理解和感悟书中所包含的知识，并获得相关的学习技巧。

第二，教师引导学生进行自我深入挖掘。以学生为本是教学过程中应遵循的基本原则，只有让学生主动参与到学习中，并不断进行自我认知、探索、挖掘等，才能激发与体现出教学模式的最大化作用，才能有效拓展学生的思维能力，提升学生自主学习的能力，最大限度地培养学生的数学综合素养。

第三，系统客观地评估学生的学习结果。我们应该在采用支架式学习模式后，对其进行一套系统、客观的评估，以便在这种教学的具体实施后明确学生的实际情况。由于每个人的情况都不同，所以我们不能一概而论。相反，我们应该根据学生的个人情况，有层次、有技巧地对学生加以评估。对于成绩优秀的学生，我们可以给予相应的奖励。对于表现不佳的学生，我们应该私下了解情况，而后给予相应的鼓励或批评，明确相信学生可以做到更好，以便学生能够保持足够的动力在这样的模式下自主学习。

第四，对教学内容应适时总结。凡学习总离不开总结。教师可以在支架式教学模式展开之后，对每个章节进行总结。针对不同学生的具体情况给予适当的点评。对于大多数学生都会出现的问题要统一总结，并提出解决方案，最终实现教学目标。

（二）初中数学支架式教学模式遵循的原则

第一，学生是学习的主体是亘古不变的原则。作为一名合格的初中数学教师，在我们的教学过程中，必须每时每刻都明确，学习的主体是学生，作为教

---

① 张宗龙.初中数学教学与管理研究 [M].北京 / 西安：世界图书出版公司，2017：87.

师，我们更多的是扮演着引导者的角色。从各个角度发现，以时间为叠加原则，以交流为基本了解方式，以思考为最终评价，了解学生的优缺点，从而达到因材施教的最佳教学效果，为他们制订合理的学习方案。

第二，围绕问题展开教学的原则。伴随着支架式教学模式的展开，学生在自主学习的过程中肯定会出现相关疑惑，甚至对已有的结论产生疑问，作为一名合格的教师，我们应当鼓励学生的这种学习态度，用认真严谨的方式进行解答，从而促进教学的良性循环。

第三，确保教学内容情境化的原则。为了让学生在支架式的教学模式中更好地投入，作为教师，我们务必要充分备课，让学生的每一节课都伴随着相关的教学情境。"因为在情境中进行学习，学生的学习效率可以得到最大化的提升，我们的教学目标可以更加完美地得到完成。"①

第二节　初中数学的情境与分层教学模式

一、初中数学的情境教学模式

（一）初中数学课堂情境教学的设计

1. 初中数学课堂情境设计的原则

初中教师在进行数学课程情境设计的过程中，需要结合初中学生的年龄及认知程度来进行具体的情境设计。与此同时，也要遵循情境设计的基本原则。在进行课堂情境设计时，教师会加入自己的主观想法，在这样的情况下设计出来的数学课程活动或内容可能会引起学生的抵触，学生主观上并不一定想接受。之所以会出现这样的问题，是因为教师没有遵循初中数学课堂情境设计的基本原则。具体来讲，初中数学课堂情境设计要遵循的基本原则有以下几种。

第一，以课程目标为设计基本原则。教师在设计数学课堂情境时，不能单

---

① 陈岩. 探析支架式教学模式在初中数学教学中的应用 [J]. 理科考试研究，2016，23（20）：54.

纯追求情境设计的精彩程度、新颖程度，数学课堂情境设计必须始终以数学课程学习目标为基础。如果课堂情境设计脱离了数学学习目标，那么即使内容非常新颖，情境异常精彩，数学课堂情境设计也是不合格的，课程设计也不会发挥作用。

第二，以学生的认知层次为设计基础原则。由于教师是数学课堂情境设计的主要设计者，所以，教师在设计过程中会从自己的主观角度出发去想象会出现哪些问题，并且针对问题设置解决方案。在这个过程中，教师没有考虑到学生当下的认知水平、认知层次，没有从学生的角度来看待问题的产生及问题的解决，这导致教师设计出来的数学课堂情境活动没有受到学生的欢迎，学生对活动的参与积极性比较低。教师如果想要在数学课堂中使用与生活有关的情境，那么需要选择学生实际经历过的情境，这样学生才能从教师提供的情境中联想到实际的生活，才能将数学知识应用在生活中。当学生发现情境和生活有关联时，学生也愿意主动思考，积极分析。数学教师如果想要通过趣味性课堂激发学生的学习兴趣，那么必须从学生的认知层次出发，分析判断学生对哪些事物感兴趣，然后有针对性地设计趣味性情节，这样趣味性情节才能发挥作用，才能引起学生的共鸣，激发学生的参与兴趣。

第三，以对课堂效果进行评价为设计基本原则。某一种数学教学模式是否可以长久地使用在教学过程当中，主要是看这种教学模式能否获得好的数学课堂效果评价。因此，数学课堂教学情境设计需要以可以对课堂效果进行评价为基本的设计原则。教师可以在课堂设计当中使用试卷的方式测试学生的学习效果，也可以使用问卷调查的方式来测试学生对数学课程学习的满意程度。教师通过课堂评价可以了解情境设计是否发挥了作用，也能够了解情境设计存在哪些不足之处，教师可以根据课堂评价结果改进接下来数学课堂中的情境设计。

初中数学课堂和情境设计教学方法的结合可以提高学生对数学课程的感兴趣程度，可以激活课堂，让课堂气氛处于活跃状态，在这样的课堂氛围中，学生会更容易吸收数学知识，理解数学知识。在具体使用情境教学方法时，需要适度，与此同时，教师的教学能力、对课堂的掌控程度也需要达到较高的水平。

2. 初中数学课堂情境设计的类型

初中数学课堂情境设计分为以下三种类型。

第一，以情感为主的课堂情境设计。这种类型的课堂情境设计是为了让师生之间形成更强的信任关系，是为了师生之间可以顺利开展数学教学活动。通过情感性课堂情境设计，学生的学习可以从被动状态变成主动状态。数学这门学科不仅仅是让学生掌握数学知识，还是为了让学生懂得研究的乐趣，掌握探索的方法，体验探索精神。如果教师想要让学生感受到自己所感受到的数学的乐趣，想要让学生和自己形成数学方面的共鸣，那么教师需要对学生的认知有所了解，需要从学生的情感角度换位思考，这样才能找到和学生建立信任关系的出发点，只有师生之间形成了信任关系，学生才能关注数学学科。

对于情感性课堂教学情境设计来讲，最重要的是寻找到可以激发学生情感共鸣的出发点或者某个具体片段，举例来说，教师可以使用语言激烈的方式引起学生的情感共鸣，让学生对数学学科感兴趣。除此之外，数学教师也可以利用自己的数学专业知识培养学生对数学的兴趣，让学生以更加主动、更加积极的态度参与数学学习。但是，无论是哪种方法，教师都必须对学生的生活、学生的认知、学生的情感有一定的了解，这样，教师才能从学生的角度出发准确地找到切入口。当教师和学生之间形成了情感共鸣，学生就会更加配合教师的教学活动。

第二，联系生活的课堂情境设计。课堂情境设计和生活联系起来有助于学生将数学理论知识和实际生活结合起来，有助于学生在实际生活中运用数学知识处理问题。虽然这种方法也注重理论和实践的结合，但是，它和传统的数学教学存在不同之处。生活化课堂情境设计使用的实施手段、获得的教学效果和传统教学是存在差异的。生活化情境课堂设计会以生活活的方式将数学知识点呈现出来，会让数学知识和现实生活进行更深层次的融合，以此来让学生对知识进行探索和研究。在教师提供的生活情境当中，学生可以更好地理解数学问题，可以从生活角度出发处理数学问题。通过这样的情境，学生已经将知识内化吸收理解成了生活经验，学生在遇到相同的生活情境时也能够回忆起数学知识，也会自然而然地运用数学知识。学生在数学课堂当中体验过生活化情境之后，也会更愿意探索生活、了解生活、体验生活，也更容易在生活当中发现数学问题，分析数学问题。综合来看，生活化的数学课堂情境设计有助于学生在应用当中理解数学知识，在生活中发现数学知识。

教师在设计生活化数学课程情境的时候，需要先确定要解决的问题，然后从问题的角度入手进行情境设计，然后通过情境设计一步一步地吸引学生的兴趣，让学生在探索分析过程当中处理问题。生活化数学课程情境的设计和运用可以让学生在深度参与数学活动的过程当中处理数学问题，掌握和吸收数学知识。

第三，实验操作性课堂情境设计。这种课堂情境设计要求教师将数学教材中的文字知识、文字内容变成可以让学生具体操作的实验内容。在学生亲自参与实验的过程中，学生可以了解知识是如何形成的，并且一步一步地吸收知识、理解知识、认识数学知识的实质。知识的学习、技能的掌握之间存在紧密的关联，想让学生形成创造性思维、灵活处理数学问题，需要培养学生的动手操作能力。只有在动手操作的过程中，学生才能将知识联系在一起，才能从操作中发现其他数学问题。可以说，在操作动手的过程中，学生实现了知识和技能之间的良性互动，也形成了良好的数学思维数学能力。

在知识和技能共同发挥引导作用的情况下，学生更容易发现数学问题的实质。数学学习有很多目的，其中之一就是了解数学的魅力。数学不仅仅是学习数字，还要学习几何图形。通常情况下，几何图形知识的学习就需要教师进行可操作性课堂情境设计。在初中阶段，一般情况下会进行平面几何知识的学习。学习平面几何知识的过程中，使用动手操作的方式更有助于学生掌握知识，更利于学生分析不同几何图形之间的关联。学生可以通过图形绘画、图形填补、图形分割的方式了解图形的形成。在动手操作的过程中，学生对几何图形产生了更深层次的理解，也使学生形成了更强烈的几何图形学习兴趣。

（二）初中数学情境教学模式的对策

1.创设生活化的问题情境

数学知识可以借助教学情境被学生吸收，在学生吸收数学知识的过程中，教学情境的作用是作为数学知识和学生之间的桥梁，帮助学生更好地吸收数学知识，处理数学问题。学生借助教学情境进行学习的时候，学生更容易形成发展性看待数学问题的眼光以及能力。生活化数学课堂问题情境的使用可以培养学生从现实生活当中提炼数学问题的能力，可以让学生养成一双从生活当中寻找数学问题的慧眼。这种从生活当中发现问题的能力是现代人才所需要的能力之一，这种能力对学生后续的数学学习来讲也是至关重要的。具体来讲，数学教师在创设生活情境时应该着重关注以下几个层面。

第一，教师应该选择符合学生学习最近发展区的生活情境素材。教师应该考虑学生当下的发展水平，也就是学生已经获得的数学学习经验、已经达到的数学认知水平。此外，教师还应该预设学生接下来能够达到哪种数学发展水平，然后引导学生向着这一水平的方向发展。学生当前的水平和与学生之后的发展能够达到的水平之间存在的差距就是学生学习的最近发展区。最近发展区理论强调教学活动的设计要考虑学生当下的认知水平，然后在此基础上引领学生发展和成长，让学生跨越最近发展区，实现学习水平的提升。教师进行生活情境创设之前，需要对学生的学习情况、生活经验情况、数学知识掌握情况有所了解，不能随便地选择生活情境，不能随便地提出生活问题。无论是情境选择还是问题提出，都要符合学生的情况，也要符合教学目标的要求。

第二，生活情境的设置要做到数学化和生活化之间的平衡。使用情境教学方法时，需要体现出数学学科的特征，否则情境教学将无法助推学生数学核心素养的提升，情境教学也无法在数学课堂中发挥有效作用。目前，数学课程的情境设置主要面临两个问题：首先，教师对生活情境的运用过多，导致课堂过于生活化；其次，教师在面临应试教育压力的情况下，会尽可能地选择能够让学生直接了解数学知识的方式，这让数学知识的学习脱离了情境。也就是说，虽然设置了情境，但是情境当中数学内容过多，没有体现出数学和生活之间的联系。无论是哪一种情况都不利于学生数学核心素养的培养。因此，数学教师应该在设置情境时注意情境生活化和情境数学文化之间的平衡。

想要做到数学化和生活化二者之间的平衡，需要先明确学生数学核心素养与二者之间的关联。在数学的学习过程中，我们会人为地把世界分成数学世界以及现实生活世界两种类型。所有的学生都是在现实生活世界当中的，所以，他们会在生活中遇到与数学有关的问题，这时学生就需要将生活情境中的问题转化成数学世界当中的问题。也就是说，学生需要进行问题的数学化处理，处理完成之后，学生还要使用数学知识、数学方法对问题进行分析，解决问题。学生在数学问题分析当中获得的结果最终还是要应用在现实生活世界当中，解决现实生活问题。这一过程又将数学问题进行了生活化处理。在发生的两次转化过程中，学生需要用到的转化能力就是数学核心素养。教师在创设情境的时候，需要合理把握生活素材选取的尺度，要让素材的使用和知识的学习恰好平衡。

2. 设计层次性的数学问题

数学课堂非常有助于学生形成更强的思维能力，想要培养学生形成更强的思维能力的前提是为学生提供适合的、有深度的数学问题。初中教师在设计数学情境时，需要考虑什么样的问题可以激起学生的思考、助推学生的思维发展。除此之外，教师设计问题时使用的设计方式也会影响学生的思维养成，因此，教师必须精心对待问题的设计，一步一步地推进问题，让问题显现出层次性。这里提到的层次性主要涉及以下三个方面的内容。

（1）问题设计过程的层次性

问题设计过程的层次性指教师在设计问题的过程中要有一定的章法，按照知识的发生顺序一步步、有层次地进行设计，不能跳跃进行[1]。在这里给出设计问题的一般步骤如下。

第一，钻研教材，厘清重点难点。在设计问题前，教师需要对教材的教学目标理解透彻，以教学重点难点为依据，思考为何要设计这样的问题，通过设计这样的问题最终能给学生带来怎样的能力。

第二，分析学情，理解学生的学习能力。根据学生的现状，找到问题的切入点，问题不能太难，也不能太简单，要符合学生的认知规律。

第三，预设可能的答案。对课堂中可能出现的答案做好提前预设，并思考相应的应对策略。

---

[1] 杨小明. 关于初中数学教学中问题设计的优化策略探析 [J]. 文理导航，2016（02）：3-4.

（2）问题结构需要体现出层次性特点

结构方面的层次性特点指的是问题和问题之间应该产生关联，不能让问题孤立存在，应该使用关联的眼光去看待问题，并且将问题按照关联组合起来。在问题循序渐进地关联起来逐步形成层次之后，学生也会在问题的引导下，不断进步，实现自身的数学水平的提高。举例来说，可以设置阶梯式问题、矛盾式问题或者变换形式的问题，这些问题可以让学生展开有效的思考。

（3）学生层面应该体现出层次性特征

具体来讲，学生的层次性指的是要针对学生的实际情况将学生划分成不同的层次，然后有针对性地使用适合的方法。也就是说，当地域不同时、学生性格不同时，或者说学生的学习水平不同时，教师应该设计不同的问题。举例来说，教师在讲解长方体的具体知识时，就应该考虑到学生的层次性特点。初中学生的思维特点是注重形象思维，初中学生也相对活泼，有较强的好奇心，而且初中学生已经有了一定的长方形基础知识，他们在小学已经学过了平面的长方形。但是，对立体的长方体还没有系统的认知。在这样的情况下，教师就应该对学生进行引导，帮助学生搭建长方体框架。具体来讲，搭建长方体框架时，首先，教师应该先分发给学生资料；其次，让学生选择适合的材料并且确定材料的数量；最后，让学生自己动手思考如何搭建出长方体框架。在真正开始搭建之前，教师应该设置问题，帮助学生了解如何进行搭建，掌握具体的搭建方法，这样才能在真正动手操作之后较大概率地获得成功。上述提到的方法是针对平行班同学而言，如果教师在重点班开启长方体的教学，教师应该考虑到学生操作能力较强的现实特点，不必在真正动手之前过于详细地讲解操作步骤，只需要对学生进行一定的点拨即可。综上所述，教师在进行问题情境设计时需要做到针对性设计，因材施教。

3. 组织合作式的讨论交流

在讨论交流环节当中，教师需要组织学生开展合作，鼓励学生使用言语进行交流，和同学分享自己的想法和观点。

第一，合作讨论过程要体现出民主性特点。合作讨论最主要的目的是让学生无所顾忌地表达自己的真实想法、真实观点，是为了促进学生和学生之间以及师生之间的交流。在合作讨论的过程中，学生更容易放松，更容易展现自己内心的真实想法。特别是对于一些学习成绩较差的学生来讲，在讨论的过程中，他们有了表达自己想法以及自己观点的途径，教师应该允许学生在讨论的过程中展现自己独特的想法，说出自己天马行空的观点。只要观点是与讨论任务有关的，教师就应该允许学生畅所欲言。

第二，在合作讨论过程中，教师应该给予针对性的指导。一般情况下，教师不让学生进行课堂讨论是因为课堂时间是有限的。如果教师想在课堂中开启讨论，那么教师必须充分利用时间，给予学生一定的指导，提升课堂中的讨论效率。学生们在讨论过程中可能会出现讨论方法错误或彼此意见分歧的情况，这些情况不利于最终结果的形成，所以，教师应该及时给予适当的引导。

4. 生成全程性的反思总结

反思对个人学习来讲至关重要，数学情境教学模式也非常注重学习反思。在反思的过程中，学生可以对之前学习的知识进行回忆整理，这有助于学生加强对知识的记忆，也有助于学生内化数学内容。

数学教师应该重视反思性学习。现在，教育研究者对反思性学习开展的实践活动并不多，所以，教师并没有过多的实际案例可以参考，这导致教师开展反思性学习时出现了一定的问题。真正的反思总结应该是从全程角度对涉及的方法、知识、思路进行回顾研究。具体来讲，全程性反思应该包括以下两个方面的内容。

第一，整个学习过程当中都应该存在反思。反思活动需要学生自主开展，需要学生主动开展，教师不应该将反思活动的开展限制在某个环节中，而是应该在整个学习过程中都开展反思活动。如果学生本身形成了较好的反思习惯，那么学生可能会在学习的各个环节都开展反思。因此，教师应该注重学生反思习惯的养成，加强学生的自主学习。

第二，整个学习过程中的学习内容都应该属于反思时要思考的内容。反思不能仅仅局限于数学知识，还应该扩大到与知识学习有关的整个过程，如应该反思数学学习方法、数学学习策略。

二、初中数学的分层教学模式

"分层教学"是指将学生之间知识基础，学习能力的差异等作为教学的出发点，通过对班级组织形式和教学方式方法进行全面调整，营造出"分类指导、因材施教、个性发展"的教学环境，使不同需求层次的学生都能找到符合自身实际情况的学习目标，并且相对容易达到其学习目标的一种"差异化创新"教学方式。

（一）初中数学分层教学模式的特点

1.有利于教师专业教育素质的提高

新课程改革之后，教学越来越注重目标多元性。分层教学模式对教师的专业素质以及教育理念提出了更高的要求，它强调教师需要深入研究数学教学当中使用的教学方法以及教学模式。具体来讲，分层教学模式要求教师要从三个层次对数学教学内容、数学习题练习以及数学学习评价进行设计。与此同时，教师还要按照教学大纲提出的要求，科学地设置学习目标，考虑不同学生提出的个性需求。教师应该尽最大的可能运用自身的专业技能以及知识构建系统化的数学知识体系。对数学教师来讲，数学专业素质的提升不应该仅仅是教学过程中外界提出的教育要求，更应该是其个人成长过程中产生的内在需要。

2.能够提升所有学生的学习认知能力

素质教育强调教育必须以学生为基础，必须覆盖到全体学生，必须满足所有学生提出的学习需要，要关注到学生的个性化学习需求。分层教学模式符合素质教育理念的要求，解决了过去统一教学所带来的矛盾。分层教学模式可以帮助基础不牢固的学生学习基础知识，吸收基础知识，也可以让学习较好的学生形成更强的学习动力，积极主动地参与学习。

使用分层教学模式之后，所有学生都会清楚自己要完成哪些学习任务。分层教学模式为学生提供了适合其发展水平的目标和任务，这会使得学生有更大的主动性愿意参与学习，愿意完成任务。使用分层教学模式之后，学生展现出了更多的数学学习信心，在数学活动当中也显现出了更大的活力，而且，在坚持一段时间后，学生会发现数学学习的兴趣所在。使用分层教学模式要求数学教师了解不同层次的学生的学习最近发展区，在此基础上预设学生接下来的发展能够达到的水平，然后帮助学生，指引学生跨越最近发展区，提升数学水平及数学能力。

3. 充分发挥学生的主体作用

学生是课堂教学的主体，分层教学模式强调数学教师除了对学生进行学习层次划分之外，也需要对数学知识进行层次划分，让学生逐层地掌握要了解的数学知识。数学学科的知识是相对抽象的，想要将抽象的知识运用在现实问题当中，就需要学生发挥主动性，主动理解、主动参与。教师在教学过程中需要做的是激发学生的能动性、主动性，让学生的思维灵活地运用起来，这样学生才能提升数学认知能力，才能更好地处理具体问题、实际问题。当学生有了良好的数学学习体验之后，自然而然会更愿意参与接下来的数学学习。

分层教学模式完全尊重了学生主体之间的差异，并且把学生主体之间的差异当作是教学可以使用的资源，有针对性地进行开发利用。教师可以将分层教学模式和小组合作模式结合运用，让不同层次的学生组成一个小组，然后彼此帮助，分享自己的学习经验、学习观点。在小组合作学习过程中，学生会显现出更强烈的主体意识，这有助于学生养成自主学习习惯。

4. 有助于学生思维品质的培养

通常情况下，学生思维能力水平确定了学生的数学学习成绩好坏。使用分层教学模式之前，教师应该在备课当中仔细分析学生当下的思维能力，准确把握学生和学生之间的思维能力差距，然后分层次地为其设计符合其思维能力水平的问题。当问题比较简单时，学习成绩较好的学生可以直接回答问题，而学习成绩中等的学生只需要分析解题思路，使用解题方法进行解答。学习成绩较差的学生需要进行更深层次的思考和更多的计算，才能够获得最终的结论。也就是说，当问题比较简单时，所有层次的学生都可以得到一定程度的思维训练。

如果数学问题比较难，那么学习好的学生需要略微思考，然后才能将问题解决。学习中等的学生以及学习成绩较差的学生可能需要全力思考，仔细分析才能解决。在处理比较困难的问题时，教师可以引导学生进行交流。不同层次的学生交流之后，可以发生思维碰撞，学生的思维能力会有极大的提升。如果数学题目非常困难，那么即使是学习成绩较好的学生也需要仔细分析之后才能获得答案。

（二）初中数学实施分层教学模式的原则

第一，遵循水平相近原则。将学生划分成不同的层次时，同一个层次的学生学习水平需要接近，学习成绩需要接近，这样他们才能被划分成一个层次。

第二，遵循差别模糊原则。学生之间的层次划分并不是固定不变的，教师需要考虑到学生的兴趣变化、能力变化、成绩变化，对学生所处的层次进行灵活的调节。

第三，遵循自我实现原则。教师为学生制订的作业、教师布置的练习题应该能够满足学生在数学学习方面的自我需要，学生在做作业或者做练习题的过程中应该可以从练习中感受到学习成功的喜悦。

第四，遵循零整分合原则。数学教学内容在该分开的时候应该分开，在该整合的时候应该整合。除此之外，教师在进行任务布置课程安排时，也应该注重各项安排的收放程度。只有时间、限度合理控制，数学教学才能获得好的成效。

第五，遵循调节控制原则。教师如果在教学过程中发现学生提出了其他的要求，那么应该针对学生的要求进行讨论沟通，及时调整教学方案以及课堂氛围，保证不同层次的学生的需求可以得到满足。

第六，遵循积极激励原则。教师应该尽可能地给予学生认可和鼓励，尽可能地减少对学生的批评，为学生的学习打造愉悦的学习氛围，这样学生更容易形成数学学习信心。

（三）初中数学分层教学模式的要求

第一，统分结合。首先，应该处理好统一教学和分层教学的关系，实施分层教学时应该以教学大纲作为基础，按照教学大纲当中的要求，统一地将教材当中的内容教授给学生，然后让所有学生的学习都能够达到基本要求。也就是说，教学的基础或者是教学的重点是让学生掌握基础内容，在学生听懂数学知识、能够运用基础数学知识之后，基础教学目标就算完成。其次，根据学生兴趣差异、态度差异、能力差异将学生划分成不同的层次，开展个别教学或者自主学习，这样所有的学生就可以以自己习惯的方式或者适合的方式提升和进步。

教师也可以着重针对不同层次的学生进行分类备课、分类指导。充分结合要求数学教师该统一讲授的知识要统一讲授，该分类推进的内容应该分类推进。分层教学模式当中最为重要的一点是教师应该做好教材内容难易和学生学习难易之间的结合。教师应该把握好度，这样学生才能既学好基础知识，又有所侧重地发展自身。

第二，学生全部参与。分层教学模式下所有的学生都应该积极参与到教学活动当中，教学活动也应该覆盖所有的学生。开展教学时，教师应该按照从简单到困难的层次逐渐推进数学教学活动，与此同时，教师要关注学生在活动当中的表现。教师需要深刻意识到活动当中的学生并不是旁观者，而是参与活动的真正主体。教师应该充分激发学生的兴趣，调动学生的主动性，让学生在更加轻松的课堂氛围当中自由平等地参与活动，这样学生才能真正展现出自己的才华，发表自己的观点，教师也才能真正地了解学生，更加有针对性地设置教学活动①。

第三，按照层次慢慢推进。按照层次慢慢推进要求教师逐层地推进教学目标，逐层地提高学生的能力。教师不可以将学生所在层次固定下来，教师应该根据学生的表现对学生的所处层次进行调整。教师在衡量表现时，应该根据学生所处层次的具体要求对学生的行为进行评价，判断学生是否有所进步。举例来说，高等层次的学生，教师应该判断他们是否形成了更强的数学思维、能力核心素养是否有所提升，学习态度是否扎实。而对于处于中等层次的学生，教师应该判断他们是否形成了更好的数学思考习惯，是否能够从数学的角度去处理问题。对于层次较低的学生，教师应该判断他们的数学学习兴趣是否更加浓厚，是否认真完成作业，是否认真听讲，是否掌握了基本知识。在判断学生是否进步之后，教师应该对其所处层次进行调整。

---

① 李平. 分层教学模式在初中数学教学中的应用探讨 [J]. 求知导刊，2022（24）：20–22.

第三节　初中数学的翻转课堂教学模式

一、翻转课堂教学模式的认知

（一）翻转课堂教学模式的产生

1. 信息技术的推动作用

第三次科技革命推动了信息技术的发展，随着计算机技术的推广应用，世界各国的生产日趋自动化，科学技术、国防技术乃至管理手段都越来越现代化，同样，情报信息也在朝着自动化的方向发展。信息技术的变革辐射着人类社会的方方面面，其影响力巨大且深远，教育作为人类社会中的重要领域自然也会受到信息技术变革的影响。在信息化时代背景下，人们不得不重新审视原有的教育教学制度，重新设计教学模式，从而让现代信息技术在教育领域发挥重要作用。因此，现代教育的目标也发生了一定的改变与扩充，即要求学生能够具备获取信息、分析信息、处理信息、加工信息的能力，具备较好的信息素养。

信息技术在教育领域的渗透会极大地推动教育教学的变革进程，会在一定程度上改变教师的教学模式与学生的学习方式。这是一种必然的趋势，因此，我们必须及时更新教育理念，对现代教育技术予以足够的重视，积极地探索信息技术在教育领域的有效价值，充分利用信息技术的优势发展教育教学事业。

2. 教育现实的推动作用

教育形式的发展可以从学徒制说起，在工业革命出现之前人们大多以这种形式开展所谓的教育活动。学徒制主要采用现场教学，教学场景基本是真实的工作环境，教学对象往往具有个别性，大多发生在代际间，教学方式就是师傅口述、示范，然后学徒在师傅的指导下进行实践，学徒制教学模式下培养出了许多技艺高超的手艺人。

后来随着工业革命的兴起，工厂日渐规模化，社会对于劳动力的需求增加，同时对劳动力的知识技能要求也有所提高。换言之，人们迫切需要普及推广教育，扩大教育规模，提升教学效率，从而在短时间内获得更多的能够满足社会需求的劳动力。显然，学徒制不再符合时代发展的要求，于是班级授课制就产生了。班级授课制是以班级作为教学单位开展教学活动的形式，通常，教师都会根据设置好的课程时间表，向一些固定的学生讲授知识内容，这些知识内容往往也是统一的。班级授课制满足了工业革命的需求，其原因在于它具备一些不同于以往教育形式的特点与优势，而这些优势实际上一直在教育领域发挥着重要作用。

具体来看，班级授课制的特点主要有三点：①班级授课制具有系统性，它能在规定的教学时间内让学生学到大量的知识，并且这些知识不是零散的，而是具有一定的系统性，便于学生建立知识体系；②班级授课制采用"一对多"的教学模式，一个教师可以向多个学生授课，与学徒制相比，其教学效率得到了极大的提高；③班级授课制以"课"为标准，设置好的"课"决定着教师的教学进程与学生的学习要求，因此教师在进行教学管理时也只需以"课"为中心，统一学生的学习步调，相对较为高效。班级授课制符合工业革命在短期内需要大量人才的要求，其系统性、高效性是促进这一教育形式发展的重要优势。

随着计算机技术与信息技术的普及，人类社会再次有了突飞猛进的发展，信息化时代悄然降临。现代信息社会对人才的要求不断提高，要求人才具备一定的信息技术技能，还要具有应急处理能力，此外最好还具有一定的创新思维，勇于自主学习，具有探索精神等。与工业革命时期相比，信息革命再一次提高了对教育的要求。于是班级授课制的不足也显现了出来，人们必须开始探索新的教育形式。不管是工业革命还是信息革命，人们的思维观念都在这一次次的革命中受到了冲击，新的时代环境要求人们做出新的改变，终身教育与自主学习的理念成为人们推崇的新理念。终身教育要求人们终身学习，始终保持学习的热情；自主学习要求人们根据自己的需求和时代的发展，主动地、积极地开展学习，从而找到自己的价值。

通过梳理教育形式的发展变化可以看出，第一次教育革命发生在工业革命的浪潮下，教育形式从个别的、单一的学徒制转变为规模化的、系统的班级授课制。第二次教育革命则受到了信息革命的影响，教育形式开始逐渐由班级授课制转向更为丰富的终身教育、自主学习形式。时代的变迁、社会的发展影响着教育组织形式的变化，因此要想促进现代教育的良好发展，就必须把握时代的脉搏，分析教育发展的现状，找准教育变革的出路。可见，教育变革正面临关键的转折，现代教育事业必须把握时机，积极变革。

3. 社会需求的推动作用

现代社会发展节奏快，要求人们能够快速地接受、理解新鲜事物，具备较强的学习能力，拥有较强的求知欲。在飞速发展的社会中，如果不能持续地学习、不断地完善自己，就很难适应时代的变化，人们应该顺应时代、紧跟时代，保持求知的欲望，不断在新的时代背景下反思自己的生活。

在未来社会，高层次人才除了要具备专业的知识技能之外，还需具备一定的学习能力、创新能力和发展潜力，并且还要具备自我个性。这就要求现代教育关注社会的需求与人才的培养，努力培养出满足现代需求的优秀人才。

4. 学生个体差异的推动作用

每个个体之间都存在差异，不同的学生也有着不同的学习需求。具体来看，学生在学习过程中的个体差异主要可以从以下几个方面进行探讨。

第一，学生的学习风格存在差异。学习风格是学生自我接受的、总体的学习方式，它是学生学习策略与学习倾向的总的体现。每个学生都有着自己的学习风格。有的学生接受能力强，学习速度快，可能会早早地掌握课程内容，之后有可能对教师的反复讲解感到厌倦；而有的学生接受能力较弱，学习速度较慢，可能会觉得教师进度太快，难以跟上课程进度，之后也有可能丧失学习信心。学习风格没有好坏，也与学生的智力水平没有关系。我们不能简单地认为学得快的学生就有着较好的学习风格。不同的学习风格还反映着不同的知识掌握能力。有些学生可能只是没有充足的时间来完成知识的内化，如果有了充足的时间，他们对知识的理解或许会比学得快的学生更加深入，对知识的掌握也更加扎实，对知识的记忆更加牢固。

第二，学生的学习动机存在差异。一般而言，学习动机包括学习兴趣、学习需求、情感、意志力等，学习动机是学生产生学习行为并维持学习行为的重要因素。学生的学习动机并不会对其学习过程产生直接的影响，它更多地表现为间接的影响，良好的学习动机能够有效增强学习效果。比如，意志力强的学生可以长期保持一种积极的学习状态，从而达到预期的学习目标，而意志力较弱的学生则只能保持短时间的良好学习状态，容易半途而废。每个学生的学习动机都不同，教育教学应该关注学生的学习动机，为学生制订个性化的学习目标与合理的学习计划，为学生提供具有针对性的指导，从而帮助每个学生实现自己的学习目标。每个学生在认知方式、学习风格、学习动机上都存在差异，而这些差异共同构成了他们不同的学习需求，也构成了他们的学习个性。要想满足学生的差异化需求就必须关注他们的个性，为学生的个性发展予以帮助。

（二）翻转课堂教学模式的界定

翻转课堂①是人们普遍接受的概念。不管是在国外还是国内，翻转课堂的定义始终在发生变化，不断完善，这也体现出教育教学研究者对翻转课堂研究的日渐深入。虽然人们对翻转课堂的概念还没有完全统一的界定，但是对翻转课堂内涵的分析研究从未停止。

第一，翻转课堂就是一种教学形态，由教师创作录制教学视频，学生自己在课下观看视频，再在课上与教师进行交流，并完成教师布置的作业。此前，他们对于翻转课堂的表述大多基于其基本做法，比如学生晚上在家观看教学视频，第二天在教室完成作业，如果有问题就与同学讨论或者向教师求助。这种对翻转课堂的定义，主要是将翻转课堂教学与传统课堂教学相对比，由此突出其特征，帮助人们认识这一教学形式。

第二，翻转课堂是学生利用课前时间借助教师给出的教学资源，包括多媒体课件、视频材料等，自主完成课程的学习，然后再在课中与教师进行互动，一起阐释问题、探究问题，并且完成作业练习的一种教学模式。

第三，翻转学习改变了直接教学的空间，就是由群体空间转向了个体空间，使群体学习空间变得更具动态性与交互性，从而促进学生在学习过程中充分发挥自身的创造性与主动性，积极参与学科学习。

上述三个关于翻转课堂的界定各有侧重，第一与第二主要强调翻转课堂的

---

① 翻转课堂也可以叫作颠倒课堂、反转课堂——这里所说的"反转"主要是针对传统课堂教学而言的。

课前学习环节与教育技术的应用；第三则关注了翻转课堂的动态性与交互性，强调了翻转学习的本质就是以学习为中心。这些界定对翻转课堂内涵的描述主要着重于翻转的形式，说明中国翻转课堂的研究和实践主要还是聚焦于形式上的翻转课堂，对翻转课堂的本质有待深入。

综上所述，可以将翻转课堂的内涵界定为：将原来需要在课堂上完成的知识传授提前到课前，再将原来需要在课后完成的知识内化放到课堂中完成。至于翻转课堂的教学资源、教学信息技术以及具体的教学组织方式等，都不属于翻转课堂的原始要求，它们都是在翻转课堂实践发展的过程中延伸、演化出来的部分。翻转课堂的本质是赋予学习者更多的自由，将传授知识的环节放在课前，是为了让学生自由选择适当的、舒适的学习方式；而将内化知识的环节放在课中，是为了让学生更多地、更有效地与教师及其他同学进行交流。

（三）翻转课堂教学模式的特征

翻转课堂在许多方面都对传统课堂教学进行了革新，作为一种全新的教学模式，它具有一些颠覆传统课堂的突出的特征，翻转课堂改变了传统的教学过程，对课堂的时间进行了重新规划与分配，在传授知识的方式方法上有所创新，并且促进了教师与学生身份角色的转变。

1.教学过程的创新

对传统教学过程的颠覆是翻转课堂最为突出的特征。一般而言，传统教学的过程就是"教师讲授知识—学生完成作业"，这种教学过程把讲授知识的环节放在了课堂上，将内化知识的环节放在了课下，主要由学生自己完成。

翻转课堂的出现将这种教学过程彻底颠覆了，它将讲授知识的环节置于课前，将内化知识的环节置于课中，将巩固反思的环节置于课后。具体而言，翻转课堂要求教师在课前就做好相应的教学准备，按照课程目标搜索、整理或自己制作教学视频，为学生提供充足的学习资源，这样可以让学生在课前就完成基础知识的学习，让教师在课前就完成教学讲授；在课中，学生可以在课前学习的基础上提出自己的问题与困惑，教师则能够及时地予以解答指导，并且，教师还可以组织学生进行小组讨论、合作学习，让学生在课堂上就完成知识的内化；课后，教师同样可以为学生提供有针对性的学习资源，帮助其补充知识，巩固记忆，鼓励学生积极进行学习反思。

由此可见，翻转课堂将传统教学过程完全反过来，并且对教学过程中各个环节的功能作用进行了重新定位。

2. 教学方式的创新

翻转课堂的又一重要特征就是对教学方式的创新，其中最具代表性的就是短小精悍的课程视频，教学视频是翻转课堂教学资源的集中体现。

翻转课堂中的教学视频则在一定程度上改变了这种被动的局面，学生可以通过短小但内容丰富的教学视频来接受知识，并且还可以根据自己的需求暂停、回放、慢速播放视频，这有助于学生把握自己的学习节奏与学习进度，充分鼓励了学生的自主性发挥。在课前或者课下观看教学视频，也会让学生更加放松，在一个相对舒适的环境中学习，不需要神经过度紧绷，如果有不懂的地方还可以反复观看，强化记忆。在之后的复习巩固中，教学视频也发挥着重要的作用。

3. 课堂时间的重新分配

对课堂时间的重新分配是翻转课堂的重要特征，具体体现在对教师讲授时间的缩减以及对学生学习活动时间的增加上。

在传统的课堂教学中，教师需要把大量的时间花费在知识的讲授上，学生就只能被动地听讲。翻转课堂则改变了这一局面，它为课堂互动、师生答疑、探究讨论等教学活动留出了大部分的时间，期望学生能够在相对真实的情境中完成知识的学习，并且能够学会交流与合作。由于翻转课堂将教师的讲授环节放在了课前，因此它既保证了教学内容的充足，也有效活跃了课堂氛围，提升了课堂互动性。这种对课堂时间的重新分配有助于加强学生对知识的内化程度，深化学生对学习内容的理解。并且课堂交互性的提升对之后教师开展教学评价也有一定的帮助，教师能够通过学生的互动表现了解学生的学习状况，学生也能在教师的评价中进行反思，更加主动地把握自己的学习。可以看出，翻转课堂从整体上提升了课堂时间的有效利用率。

4. 师生角色的转变

教学过程的颠倒、课堂时间的重新分配自然也影响着身处课堂之中的教师与学生，翻转课堂的特征之一就是师生角色的转变。在传统课堂教学中，教师几乎占据着"主角"位置，但是在翻转课堂中，学生成了课堂的中心。学生在学习过程中遇到了问题可以向教师寻求帮助，教师主要负责为学生答疑解惑，提供及时的、具有一定针对性的指导，教师从以往的讲授者变成了学习资源的提供者，变成了学生学习过程中的引导者、帮助者。这也代表着课堂的中心不再是教师，而是学生。这种身份角色的转变向教师提出了更高的要求，教师除了要具备讲授技能之外，还需要具备收集整理教学资源、录制教学视频、组织教学活动的技能。

与此同时，学生在这样的课堂上也需要充分调动自己的主动性，不能再被动地接受知识，而是要积极、主动地汲取知识、内化知识。学生成为课堂的中心，就意味着学生将成为知识意义的主动建构者，他们可以按照自己的学习节奏、学习步调选择合适的学习时间与学习内容，遇到较容易吸收掌握的知识可以适当加快学习速度，而遇到较复杂的内容可以放慢学习速度，反复观看教学视频，仔细探究学习。学生不能再一味地等待教师给出答案，而是要通过自己的努力寻找答案。此外，师生角色的转换也有助于拉近师生关系，对营造良好的教学氛围有一定的益处，师生之间、生生之间可以交互协作，学生可以在丰富的教学活动中掌握知识内容。学生角色由"被动接受者"变为"主动探究者"。

二、初中数学的翻转课堂教学模式的构建

（一）"三阶段三系统十环节"翻转课堂模式的构建

1."三阶段三系统十环节"翻转课堂模式的认知

"三阶段三系统十环节"翻转课堂模式通过对翻转课堂理论予以归纳总结后，以教学设计的原则为指导原则，依托经典的翻转课堂模式，密切联系初中数学知识特点，搭建起一项适用于初中数学的翻转课堂模式。"三阶段"具体是指，课前的知识传授阶段、课堂互动中的知识吸收阶段以及课后的知识延伸阶段。"三系统"具体是指教师、学生以及学生家长三方面系统；"十环节"具体是指课堂教学开始前针对所教学生的学习情况及教材内容，准备合适的学习材料同时密切关注学生的自学测验结果；学生则要在课程开始前完成自主学习和考评并及时向教师反馈问题。课堂教学中教师和学生一起参与完成分组协

作、教师答疑解惑、学习成果展示、学习反思总结等环节。课堂教学后教师向学生拓展课程相关知识点并针对学生的问题做出补救，学生总结所学知识并完成练习的十个环节。家长的监督则要贯穿于学生课前预习和学生的课后自习始终，以提升学生自主学习的效率，提高自主学习效果。

2."三阶段三系统十环节"翻转课堂模式的设计

教学设计具体是指教师以各种学习和教学理论为指导，根据所教学生的特点，结合自己的教学理念、风格，通过系统的观点与方法，遵照教学的基本规律，对教学活动予以规划、安排、决策的行为。翻转课堂模式设计作为诸多教学设计中的一种，具体到初中数学翻转课堂模式设计，教师应当在充分了解初中生的特点基础上，结合自己的教学理念与教学风格，统筹教学的各方面要素，设计出的合适教学方案。

（1）"三阶段三系统十环节"翻转课堂模式的设计应当遵循的原则

"三阶段三系统十环节"翻转课堂模式针对初中数学的教学设计要遵循如下几个方面的原则。

原则一，要以学生为中心。教师设计的翻转课堂教学内容全过程必须要以学生为中心，顺应翻转课堂中教授知识与吸收知识顺序的变化，传统的教师和学生的地位也要予以改变，要坚持在翻转课堂中以学生为中心，教师的教学设计必须充分考虑学生的需求。

原则二，建立整体性思维。教师要想设计出教学效果最优化的科学教学设计，必须要准确把握教学的基本规律，进而将教学目标、教学起点、教学内容、教学方法和媒体、教学评价及教学结构组合成完整的系统。教师的教学设计，必须要建立整体性思维，准确把握部分之间、部分与整体之间的关系，实现教学系统的整体优化目的。

原则三，积极应对学生反馈。一个好的教学设计必须要有完善的获取学生反馈的机制，教师要根据学生的反馈情况修改和完善教学设计，进而更好地满足学生学习的需要，同时也有利于教师做到因材施教。

原则四，教学设计要具备可行性。每一个教师的翻转课堂教学设计都是照顾了所教学生的心理特征以及知识存储状况，以及所在学校的教学设备完善情况后完成，因此只要是基于翻转课堂的教学模式设计都必然有着或多或少的差别。要构建出可行的翻转课堂教学设计，教师就必须以自己所教的学生以及所在学校的教学条件为基础，而不能直接套用经典的成功模式。

总之，优秀的翻转课堂教学设计一定是以学生为中心的，建立起整体性思维，恰当地调和教学目标、教学起点、教学内容、教学方法和媒体、教学评价及教学结构各部分的关系，重视学生对教学设计内容的反馈，并及时做出调整，并且能够很好地兼顾主观与客观条件，具备可行性，同时满足学生的特点和学校教学条件的方案。

（2）"三阶段三系统十环节"翻转课堂模式的拓展

首先，课前的知识传授阶段。翻转课堂模式中，学生知识的环节是在课前，在此阶段，在时间和空间维度上，教师和学生是分离的，分别独立完成属于自己的任务。所以笔者认为在课前的知识传授阶段必须要分别为教师和学生设计出需要完成的任务。

其次，课堂互动中的知识吸收阶段。翻转课堂模式中，学生对知识的吸收消化需要四个阶段：第一阶段是学生间的分组协作阶段，学生们为了初步解决前期学习遇到的难题，相互协作、一起探讨问题。第二阶段是教师有针对性的答疑阶段，教师要根据学生的反馈，对学生遇到的共性问题予以集体讲解，对学生遇到的个别问题给予有针对性的解答。第三阶段是学生对学习成果的展示阶段，在学生展示了学到的知识后，由学生根据所学知识设计出题目，小组间相互提问，测试知识掌握状况。第四阶段是师生的反思总结阶段，学生小组要先完成自我总结，教师再汇总学生的总结内容开展全面总结。

最后，课后的知识延伸阶段。在此阶段，教师要开展分层教学，即针对不同水平的学生给予有针对性的辅导和帮助。为了推动学生们的学习热情，提升学生们的学习兴趣，教师可以向全体学生提供本次课程中所学知识的背景故事或者与教学内容相关的轶事。面向能快速吸收和接受新知识的学生，为了培养学生对探索新知识的能力，教师甚至可以提供更高难度的知识。面向知识基础较弱，没能完全消化本次授课知识的学生，教师要予以课后辅导，家长能够独立辅导也可以联系家长协助①。

（二）"一主线五环节"当堂翻转课堂模式的构建

1. "一主线五环节"当堂翻转课堂模式的认知

"一主线五环节"当堂翻转课堂模式在具体的教学过程中应当分为：一主线五环节十步骤。其中一主线具体是指，学生的个性化学生，这条主线要贯穿于课堂的全过程。五环节具体是指，学生在课堂学习中的自主学习、交流展示、练习巩固、能力提升、总结反馈等步骤。十步骤具体是指，学生课堂学习五个环节具体要完成的步骤。其中自主学习环节要完成微课程视频自学和微课程自学知识测试，交流展示环节要完成学生间的质疑答疑和微课程自学成果展示，练习巩固环节要完成基础练习和集中讲解，能力提升环节要完成深入学习和小组研讨，总结反馈环节要完成总结评价和当堂测验。

2. "一主线五环节"当堂翻转课堂模式的设计

当堂翻转课堂模式设计是另一种教学方案设计。具体到针对初中数学的当堂翻转课堂模式设计应当是适应初中学生的特点，采用"师友互助式素养课堂"教学方法设计出的教学方案。当堂翻转教学方案的设计需要具备以下几个方面的内容。

（1）自主学习

首先，微课程视频自学。课程开始的前 15 分钟左右，学生在自己的移动设备教学资源平台收看教师提前发布的微课视频。每节微课视频的时长教师应当控制在 6 到 8 分钟之间，以保障学生可以至少观看两遍微课程视频。

其次，微课程自学知识测试。该环节是针对学生自学微课程视频的考查性测试，目的是考查学生在自学完微课程视频后的知识掌握程度。教师在编写此步骤的题目时，难度要类似于课本课后练习的程度，题目类型应主要为定义定理及简单的应用类题目，数量以 3 题为宜，尽量做到能够包含这一节学习的所有知识点即可。

（2）交流展示

首先，学生间的质疑答疑。在此环节中，教师应当抽出 3 分钟左右的时间，

---

① 韦国. 初中数学教学中梳理归纳与拓展延伸式小结分析 [J]. 数学大世界：教学导向，2012（11）：1.

随机选取一名学生针对微课程视频所讲解的知识点以及知识点的应用技巧和方法等进行总结提问，由课堂中其他同学回答或对遗漏的知识点予以补充，纠正学生对于知识点的错误理解。

其次，微课程自学成果展示。本环节，主要是讲解自学知识测试环节中的题目。结合平台对学生答题正确率分析以及每位学生的答案，教师能够根据学生的错误予以有针对性的讲解知识，或者由优秀的学生讲解。教师还可以快速针对学生的错误利用平台中题库的题目再次出题。

（3）总结反馈

首先，总结评价。本环节中要完成总结和评价两部分内容。学生不但要总结本节课学到的全部知识还要对本节课中学到的方法和技巧进行总结。评价则是要由学生自主评出被本节课的最佳学习小组和最佳师友学习组合。

其次，当堂测验。设计本环节测验的理念是要让本节课的全体学生都感受到在一节课的努力学习后收获知识的快乐。测验并不是要检测本节课学生们的具体学习水平，而是要建立学生们能够学好数学的自信心。因此，设计的当堂测验题目要简单，与 B 组练习难度相当最为适宜，争取让尽量多的学生答对全部题目，测验的总时长尽快控制在 3 分钟左右。

第四节　初中数学的微课教学模式与设计

一、初中数学的微课教学模式

（一）微课的认知

1. 微课的定义

"微课"是一个缩写词，它的中文全称就是"微型视频网络课程"。微课兴起的时间并不是很早，大约在 20 世纪末微课才开始在世界各国的范围内流传并被学校应用。在这个微时代，我们的课程也紧跟着时代的潮流，微课也顺应了这个快速的信息时代，它以短小精悍、快速切入主题的特点为人们所接受。

微课是一种全新的教学理念，因而微课的发展十分迅速，深受学习者的喜爱。在全世界的范围内，最早关注微课并将这种教学的理念应用到教学实践中的就是美国的圣胡安学院，在圣胡安学院的教学尝试中，他们把微课称之为"知识脉冲"，这种知识脉冲是很独特的知识，它能够带给学习者不一样的学习体验。在微课教学中，人们运用最多的教学方式主要有两种：第一种就是在线学习，第二种就是移动学习，而且微课教学一般都能够突出教学的重点以及教学的难点，它的教学时间都比较简短，控制在 10 分钟以内，从而能够使学生高度集中学习的注意力，使学生都乐于学习，乐于接受这种学习的形式。

从 20 世纪初以来，新加坡的教育学家以及学者都就开始深入研究和探讨"微课"，这些学者经过一定时间的研究得出微课的定义，即微课是一种利用先进的网络技术来辅助教学从而达到一定教学目标的微教学材料。在他们的研究结论中，微课的显著优势就是它把现代先进的信息技术手段和传统的教学材料进行结合，从而使教学更加具有层次感，使教师的教学能够突出重、难点，同时为学生的学习创设一种十分轻松的学习氛围。

在教育部教育管理中心的相关正式文件中明确规定，微课的全称就是微型视频课程。由此可见微课也是一种课程，它在教学中采用的呈现方式主要是教学视频。在实际的微课教学中，教师通常都会围绕一定的知识点展开讨论，结合微课视频开展一系列教学活动。从广义的视角进行分析，"微课"就是一种解说或者一种演示，这种演说或者演示是围绕某个主题的知识点展开，同时微课视频通常都比较简短，因而人们可以突破时空的限制利用微课开展碎片化的学习，学习者的主要学习形式就是在线学习；从狭义的视角进行分析，"微课"设计的主要目的就是为了满足学生的实际学习需求，"微课"是以微课视频为主要载体的信息化教学活动。每个学生都是独立的个体，学生个体之间存在个体差异，因而微课能够使学生根据自身情况开展学习，能够实现学习的个性化。需要强调的是，"微课"和"微视频"是两个不同的概念，二者之间有一定的差异。具体分析而言，微课包含很多部分，如微视频、微课件、微练习等，因此，微视频是微课的一部分，并不是微课的全部。

2. 微课的类型

微课的类型划分并没有唯一的标准。按照不同的标准，微课可以有不同的分类方法，每种分类方法又可划分出不同的微课类型。

（1）根据用户与主要功能划分

按照用户与主要功能进行划分，微课主要有以下几种类型。

第一，学生学习微课。学生学习微课主要的用户是学生，一般是通过录屏软件来录制的，将各学科的知识点的讲解录制下来，每个知识点大概在10分钟以内。这样学生可以根据自己的学习情况，选择自己需要的微课视频来学习。这类微课是翻转课堂教学的重要组成部分，是微课建设的主流方向。

第二，教师发展微课。教师发展微课主要的用户是教师，这种微课包含的主要内容是教学理念、教学方法、教学评价机制等，主要是对教师的教学技能来培训，也是教师设计教学任务的模板。教师发展微课用于教育研究活动、教师网络研修等，这样可以提升教师的教育教学能力，改善教师的工作方式，促进教师的专业发展。

（2）根据教学目的方向划分

从教学目的方向进行划分，微课主要有以下几种类型。

第一，讲述型微课。讲述型微课是一种通过口头传输的方式来教学的微课类型，教师在课堂上主要对重点和难点知识进行讲述。

第二，解题型微课。解题型微课是通过对一些典型的例题进行解析，来对其中的知识点进行教学的类型。

第三，答疑型微课。答疑型微课是通过对学科中存在的一些疑点进行分析，然后获得答案来进行授课的类型。

第四，实验型微课。实验型微课对自然学科比较适用，例如生物、化学、物理等学科，可以通过实验步骤来学习其中的知识。

（3）根据录制方式划分

按照录制方式进行划分，微课主要有以下几种类型。

第一，摄制型微课。摄制型微课是通过电子设备如录像机、摄像机等来录制课件的方式，可以将课堂上教师讲解的一些知识摄制下来，形成教学视频。

第二，录屏型微课。录屏型微课是通过使用录屏软件来录制微课视频的一种方式，如可以使用 PPT、Word、画图工具软件等将教学内容整理出来，然后在电脑上讲解，在讲解的同时使用计算机上的录屏设备进行录制，可以将声音、文字、图画等内容收录进来，经过进一步制作之后就形成了微课视频。

第三，软件合成式微课。软件合成式微课是指事先制作好教学视频和图画，然后根据微课的设计脚本，导入不同的内容，通过重组形成一个完整且系统的微课视频。

第四，混合式微课。混合式微课包含以上几种类型，将之混合使用就成了混合式微课。

上述提及的微课视频类型都是初级的资料，要成为可以教学的视频还需要通过后期制作。

（二）微课教学模式的特征

微课是一种新的教学方式，因而和传统的教学方式相比，微课具有很多显著的特征，其显著的特征主要包括如下五个方面。

（1）主题明确

教师在教学实践中应用微课的主要目的就是为了解决很多传统教学模式在课堂中无法解决的教学难题，例如，教学的知识点复杂且缺乏一定的逻辑性、教学的重点和难点不突出等问题。

一般情况下，教师在制作微课视频时，他们都已经有了明确的主题，一般教师制作的微课都是围绕着教学中的重点知识或者难点知识展开的，这样微课教学就能够有鲜明的主题，也能够易于学生的理解，帮助学生厘清学习的思路，使学生轻松地掌握教学中的知识点。

（2）弹性便捷

在我国传统的教学模式中，课堂教学时间一般都是固定的，即每节课一般规定为 45 分钟。在微课教学中，微课视频的时间一般都比较短，只有 5 到 10 分钟的时间，因而年龄比较小的学生在学习微课视频时比较容易集中注意力，不容易分心，而且这些短小的视频也很容易吸引学生的注意力，激发学生的学习兴趣。

此外，微课的资源易于下载和储存，学生只需要携带移动设备就可以随时随地开展学习活动，非常便捷，具有极大的灵活性。

（3）共享交流

在互联网时代，网络为人们的生活提供了很多便利，它的显著优点就是网络可以实现资源的共享。由于微课教学依托于先进的网络技术，因而微课还有一个显著的特点，那就是微课可以实现资源的共享[①]。

微课还可以为教师和学生提供一个网络信息交流的平台，当教学结束之后，教师就可以把相关的教学视频资料上传到网络上，从而供其他教师以及学生学习和借鉴。这也有利于教师之间切磋和学习，促进教师专业发展。

（4）多元真实

微课的多元特点主要是指微课的资源形式非常丰富，它不仅包括视频形式的微课资源，还包括微教案、微课件等教学资源，教学资源的形式是非常多样化的。和我国传统的课堂教学模式相比较，微课这种多样化的教学资源可以提升学生的学习兴趣，使教师的教学更加精彩。在日常的教学实践中，无论是教师还是学生，他们在利用微课资源时都能够从中学习到很多东西。

对于学生而言，学生在利用微课学习时，他们可以利用相应的微练习来对已经学习过的知识进行练习和巩固，他们可以利用相应的微反馈来检查自己的学习效果，并查看错误题目的答案，巩固自己的知识。这整个过程可以大幅度提升每个学生的思维能力，使学生对自己的学习能力更加清晰的认识。

对于教师而言，教师在制作微课的过程中也可以学习很多微课制作技巧，可以升华自身的教学技巧等，这个锻炼的过程也有利于教师的专业发展。微课的真实性特点主要是指微课在设计时都会选择真实的场景，从而使教师把微课和传统课堂教学结合起来。

（5）实践生动

前四个方面的特点使得微课受到社会各界人士的好评，对于一线教师而言

① 许燕.基于微信公众平台的微课资源共享建设的研究与实践[J].信息与电脑（理论版），2016（02）：244-245.

更是如此。由于微课开发的主体是广大一线教师，加之微课开发的本身就是以学校的教学资源、教师的教学与学生的学习为基础的，越来越多的学校通过微课这种新的学习方式进行探索研究，挖掘本校的微课建设，本身就具有很强的实践性。

在实践的过程中，需要注意微课的表达方式，生动活泼不仅体现在精美的画面、动听的音乐以及明确的主题上，还体现在精心设计的流程及其相应的互动方式上。

（三）微课教学模式的条件

1. 先进的教学理念

基于信息化技术，各行业都开始了不同的变革，在教育领域也是如此。信息技术的支持，使我国的教育发展走上了快车道，各种信息技术应用在教育教学中，极大地提高了教育教学质量。信息技术使得各种教育设备具有了更高的可靠性，并且使用起来也更加便捷，网络技术的进步也使得教育教学不再受到地点以及时间的限制。先进的教育理论是实现信息技术与教学整合的必要前提，在教育教学中发挥着重要作用。从信息技术层面上看，信息技术在教育中应用的过程是信息技术手段在数学学科中的应用过程，而从教学改革上看，信息技术在教育中应用的过程则是教学改革的过程。理论与实践是相辅相成的，没有理论指导的实践是不会成功的，如果没有正确的理论做指导，教学改革将无法成功。

我国对推进信息技术在教育教学中的应用制订了一系列政策，提出了一些要求，例如，必须将优质的数字教学资源完善起来，将信息技术深入应用到教学中去，在教育教学中使用信息技术进行创新，使用信息技术来解决教育教学中的难题等。信息技术使人们的教学和学习活动有了更加广阔的空间，不仅可以进行实时学习，而且可以进行异地异时学习。教师和学生之间不再是简单的课堂上的联系，而是借助信息技术开展远程教学、网络协作教学等，这些多种多样的教学模式将教育与教学引入了一个更加高效的阶段。在信息化的教学环境中，教师和学生不再被动地讲解和学习知识，而是充分发挥网络的作用，教师可以在线指导学生开展学习，也可以学生自学然后将疑问传递给教师，这种教学模式极大地解决了教师和学生不同步的问题。并且，学生可以随时随地开展移动学习，充分利用自己的碎片化时间。

　　在微课模式下，教学变得更为简单。对于学生而言就可以根据自己的步调进行学习，这样转了自己的学习状态，化被动为主动，学生显然可以根据自己的兴趣开展学习，在此种背景下，学生学习的主动性就会得到发挥，从而开展自主学习，从而提高学生的自信心。由于微课的时长较短，则它占据的内存就比较少，下载只需要花费很少的流量，方便了学生在移动设备上观看和下载学习。微课视频还具有一定的其他功能，例如可以随时观看和暂停、随时快进和后退，这些都为学生的学习提供了很大的方便。学生观看微课视频之后，如果不理解，还可以反复观看，当看到有兴趣的内容时也可以再次观看。微课还方便了学生在任何时间和任何地点来学习，没有课堂上学习的时间和空间限制，真正实现了碎片化的学习。微课打破了传统教学模式的限制，将各种优秀教师的教学课件、教学视频集中到微课平台上，使学生能够轻松地获得优质的学习资源，感受名师的教学课堂。微课拓宽了学生的学习渠道，丰富了教学资源，有助于学生掌握多元知识。这种微课视频学习方式，对教学和学习带来的变革是历史性的，也符合我国建设信息化教学的要求。微课真正将信息技术与教育教学结合起来，培养了学生自主学习的能力。

　　总而言之，微课利用现代信息技术实现了信息化教学，这种教学方式的更新极大地调动了学生的学习兴趣，也解放了教师的双手，使教师有更多的时间研究教学，而不是制订教学内容，这是时代发展的结果，也是教学的发展趋势。

　　2. 成熟的信息技术

　　信息革命浪潮的兴起，促进了互联网的全球化普及，让世界各地的人们可以更加近距离的交流。信息技术的发展同样也带动了其他技术变革，对社会发展产生了非常重要、深刻的影响。现代社会是信息化社会，所有领域都在试图利用信息技术进行变革，信息技术的快速发展对社会的发展产生了不小的影响，也提出了比较高的要求。在这一社会转型时期，人们必须要转变观念，用新的眼光来审视教育制度，对教学模式予以创新，并重点思考怎样在教学中运用信息技术，使信息技术成为教学改革的重要推动力。在这一高速前行的信息化潮流中，教育的目的也发生了变化，其中一个比较重要的目的就是，使人借助信息技术来丰富自己的知识，提高自己的专业技能。信息技术对教育的变革体现在很多方面，一方面，它改变了人们的学习习惯与学习方式；另一方面，它改变了学校长期以来固有的教学模式。鉴于此，学校也要转变既有观念，重新审视技术在教学中的重要性，要适当引入信息技术，使其可以在教学变革中发挥重要作用。新型教学模式的开展离不开多功能教室的支持，在网络的支持下，教师可以根据教学需要从而创设出不同的教学情境。当教师利用信息技术向学生展示教学内容的时候，多方位的展示显然会加深学生对知识的了解，这样也利于课程的顺利开展。

3. 优秀的自学能力

在微课教学中，学生必须具备较强的自学能力才能顺利地完成教师提前布置的学习任务，这就要求每个学生不断提升自身的自学能力。对于学生而言，其自学能力的提升和很多因素有关系，学生不仅要端正学习的态度，还要加强自身专注力的训练、提升自制力以及积极地排除很多消极因素的影响。

在实际的微课教学中，教师可以从三个方面来培养学生的自学能力：第一，教师要在教学中采用多样化的措施来提升学生的学习兴趣，学生只有对学习充满了浓厚的兴趣，他们才愿意投入数学的学习中去，他们才愿意花费时间以及精力来学习数学；第二，教师在教学中要多多鼓励学生，要多给予学生一些积极的评价，从而使每个学生都能够对自己充满信心，自信心对于学生而言非常重要，它能够让学生不断认可自我，这也可能成为学生不断进步的动力；第三，数学教师要和学生之间建立一种十分融洽、和谐的师生关系，这样在微课教学中，教师和学生是处于一种十分平等的地位，学生也能够在十分愉快的学习环境中学习数学知识，锻炼各项技能。

总而言之，教师应该在潜移默化中培养学生的自学能力，从而为微课的教学做准备。

二、初中数学的微课教学设计

（一）微课设计内容的选择

初中数学教师在进行微课设计的过程中，要认真选择符合数学课堂知识体系和适合中学生接受能力的设计内容，针对数学知识点的选择预处理，直接影响着初中数学微课的设计质量和整体课堂教学效率。所以，初中数学教师在设计微课课堂教学的过程中，需要选择贴近教学环节的知识重点和难点以及考点。另外，还需要将选择的知识逻辑关系进行整理，按照由浅至深的顺序向中学生们传递数学知识内容。在文字和图片以及视频的选择中，要重视数学知识的科学合理性，避免传递错误信息，引导中学生对视频内容进行回顾梳理，有利于提升中学生在视频观看阶段的注意力，提升整体课堂教学效率。

（二）初中数学微课课程设计的对策

第一，统计与概率课程设计。初中数学教师在向中学生们传递数学知识的过程中，要依照实际情况科学运用微课，转变以往数学课堂教学枯燥乏味的教学模式。例如，在教授统计与概率这一知识内容中，可以通过微课模式，在投影仪上播放十字路口的车辆行驶数量和类别，然后引导中学生们说出车辆数量和类别。再将中学生们的答案渗入到统计与概率的知识内容中，让中学生们做好相关的计算分析。"利用微课的导入形式，将初中数学知识运用在现实生活中，以便培养中学生们的实际观察能力与数学的运用能力"[①]。

第二，多边形内角和的课程设计。微课的实施可以运用辅助教学的模式，在多媒体设备的支持下，如动画和视频等设备，加强了多媒体设备与微课教学的联系，有效地为中学生们展现了更加直观的数学微课教学模式。例如在学习初中数学多边形内角和的过程中，首先可将所有几何图形制作成为视频的形式进行播放，让中学生们回忆以往学习过的几何图形名字和相应的计算模式，然后数学教师再引导中学生们探究多边形内角和的计算模式。这样的数学教育教学模式能够有效巩固中学生们之前学习过的数学知识，同时还可以让中学生们将新旧知识进行融合，对其进行灵活运用。

第三，一元一次方程应用的数学课程设计。在初中数学教育教学中，最为重要的就是一些较为典型的例题，这些例题不仅是难点，同时也是重点内容。运用微课的教学模式能够有效展现多种典型例题，同时能够对例题进行深入剖

① 卢小强. 初中数学微课的教学设计策略 [J]. 试题与研究，2018（26）：141.

析，让中学生们在微课短视频中了解解题思路和相关经验，进而开拓中学生们的解题思路。例如，在学习一元一次方程的知识内容中，中学生们需要通过线段图来对方程数量关系进行分析和研究，然后结合线段图参考题目意思，将时间和速度以及路程之间的关系表述清楚，最后列出正确的数学方程式，获取正确答案。另外，微课的教学模式还能够将典型的数学例题展现给中学生们，通过视频解题模式让中学生们积累解题经验。微课教学模式不仅能够有效提升初中数学课堂教学效果和质量，同时还可以提高学生们的学习效率。

第四章　基于核心素养的初中数学教学的学习策略

学生是学习的主人，数学教学应激发学生的学习兴趣，注重培养学生自主学习的意识，以及核心素养，从而能够提高学习效率。本章重点论述初中数学教学中的自主学习策略、初中数学教学中的合作学习策略、初中数学教学中的深度学习策略、初中数学教学中的混合式学习策略。

第一节　初中数学教学中的自主学习策略

一、做好自主学习，以学定教

（一）设计"预习案"，做好自主学习导向

自主学习学习型高效课堂是以"预习案"为载体，所以首先要根据学生的实际情况精心设计"预习案"。"学生一旦掌握了预习方法，就能搭建起新旧知识的桥梁，引发探究知识的兴趣，从而更深层次地掌握技能"①。现行教材的内容编排符合学生的认知规律，图文并茂，文字浅显易懂，已经为学生设置了很好的内容环境，学生只要认真阅读，绝大部分的书本知识是能够看懂的，但要充分利用好这一资源，还需要教师做好有针对性的阅读指导。例如，教师通过精心设计"预习案"，根据教学大纲和本市中考的命题趋势，预设学习目标，

---

① 仲崇健.高中数学预习案编写的意义和策略[J].考试周刊，2011（15）：72.

让学生自主学习，有目的、有针对性地进行预习，并且通过完成相应配套的练习题，检验学生自主预习的效果，并给学生提出问题与疑惑的机会，减少学生自主学习过程的盲目性和随意性，使得预习不再是敷衍的学习任务，避免浪费时间，提高自主学习的效率。

"预习案"的编写是在全体备课组教师集体备课的基础上，由每一位教师再作微调，而最终定稿的，以求最大程度符合本班学生的实际学习情况。"预习案编写有一定的策略和方法，有效的预习案能够助学生一臂之力，让学生形成良好学习习惯，提高学习兴趣，培养自主学习能力"①。"预习案"的内容结构分为以下几个方面。

第一，设定预习目标和要求。让学生明确预习目标和预习要求，在预习的过程中，学生要做到心中有数，明确自己要学习哪些知识，要达到什么样的标准，要明确如何达到预习标准。

第二，阅读课本。教师应该科学、合理地安排学生的预习量，让学生明确和熟悉预习的范围，避免增加学生的课后压力；教师还应该引导学生如何正确地阅读课本。首先粗读，大致地浏览整体内容，知道有哪些重要的知识点，教材结构是怎样的；其次细读，在读的时候边读边思考，对每一个知识点和题目都仔细琢磨；最后精读，把课本内容读薄，深入钻研重难点和疑点。

第三，掌握基本概念，练习习题。预习检测题要和课本的例题类型相同，且为基础题，练习完之后，检验学生的理解和掌握程度，这就是初步运用知识，让学生知道哪些知识和概念比较难理解，然后再反馈给教师，教师再根据学生的答题情况进行二次备课；虽然获得知识很重要，但更重要的是获得知识的过程，所以，教师在设计练习题时，应该根据学生的具体情况设计，设计具有开放性及探索性的练习，让学生自主探索，让学生通过自主观察、分析、总结和归纳整理整个解题的过程，由此培养和提升学生的思维逻辑能力和解决问题的能力，让学生体验解决问题的快乐，最终通过这种方式激发学生学习的积极性和兴趣，让学生快乐地实践，进而不断拓展学生的思维和提升学生的综合

---

① 朱从宝. 数学预习案编写策略 [J]. 教育实践与研究，2011（17）：52.

能力。

第四，谈学习感想和学习疑惑。学生完全可以自主获得知识，只需要教师先做好预习计划和目标，为学生划定学习区域，让学生在"最近发展区"学习和收获，学生在对应的区域内就能自主"摘果子"，且一定会有所收获。对教师来说，最重要的就是鼓励学生自主学习，引导学生在自主学习的过程中构建自己的知识架构，并将新的知识融入自己已有的知识架构中，进而建立新的知识体系。在这个部分，教师也需要留出空间给学生提出问题、抒发困惑，培养学生敢于发现问题、解决问题的习惯。除此之外，教师还应该鼓励学生敢于问自己"为什么"，当学生进入深度思考的时候，一定要敢于提问、敢于质疑。另外，教师还需要指导学生如何正确地提问，比如，可以从换位思考、逆向思维以及类推等角度思考和提出问题，还可以根据书本内容提问题，尤其是看不懂、不理解、不会做的内容，与此同时，学生们提出的问题会变成教师二次备课的重要依据。

第五，家长签阅。加强学校与家长之间的合作，努力争取家校合作，在家长的有效监管下，让学生形成自主学习习惯，提高学生的自主学习效率、责任心以及自觉性。在编写"预习案"的过程中，需要注意三点：一是编写的内容一定要紧扣内容的重难点，不能太松散；二是编写的数量要尽量少，版面控制在 16 开，形式简洁，便于操作，编写的内容要通俗易懂，且便于检测学生的学习情况；三是课堂讲解的内容应该和检测的内容相关，这样才更有针对性。

（二）以学定教，二次备课

教师应该充分分析和利用学生的预习效果，即预习案，在上课之前，将学生的预习情况以书面形式进行检测。教师在检测的过程中一定要灵活，先将学生的"预习案"收集起来，再进行批改，并进行总结分析，在上课的时候以投影的形式展示给学生，然后在课堂上提问学生。从检测结果出发，有针对性地调整教学内容，通过了解学生的预习情况，讲授"最近发展区"的内容：学生有疑问的内容；重难点、易错点、易考点，把教师讲授和学生感悟紧密联系在一起。但同时，也需要谨防出现极端现象：如果是学生自主学过的内容，则在课堂上一律不赘述；完全不顾学生的学习情况，一律从头讲到尾。教师在教学的过程中，不仅要关注学生的自主学习情况，还要关注学生的学习差异性，并根据学生的具体情况，因材施教，如果是学生都已经掌握的知识点，可以不用再过多赘述，主要给学生讲容易出错及不理解的内容。

二、做到学教互动，少教多学

教师要减少语言的密度，精讲、精问，把学习的主动权和不该占用的时间都还给学生，教师要变"教"为"导"，学生变"听"为"学"，鼓励学生质疑展示，引导学生合作探究，力争做到学教互动，少教多学。

（一）质疑展示，点燃智慧

课堂的首要环节是质疑展示：针对教学课堂，学生可以提出自己的学习疑问，由其他学生解答，教师进行点拨和总结。在自主学习的过程中，学生可以根据自身的学习情况展示收获，其他同学进行补充，在这个环节中，教师还可以组织提问和学习反馈，并且，提问对象要以班级的后进生为主，这样可以将问题展现出来，让学生共同探讨，引导和帮助学生发现问题和解决问题，并培养他们的求异思维。另外，如果班级的后进生已经掌握了提出的问题，则说明其他的学生也能更好地完成学习，这样可以有效反馈班级的整体学情，还能激发学生学习的积极性。建立思维的起点就是敢于问问题，提出的问题越高级，说明数学学习的能力越高。通过解决问题，可以让学生更快、更充分地理解和掌握知识，可以提升学生的思辨能力，磨炼学生的意志和心智，还能提升学生的学习观念和认识事物的观念，不断丰富学生的思想情感。因此，教师应该鼓励学生大胆畅言，甚至激烈辩论。这样才能帮助学生更深入地理解知识，才能锻炼学生的思辨能力。

（二）合作探究，共同发展

课堂的第二个环节是合作探究①：教师根据教学内容的重点、难点、疑点，结合学生的实际，组织学生合作探究，把课堂教学内容整合成既是学生自主学

---

① 合作探究式教学，可以称为群体发现法、研究法，是指学生在学习概念和原理时，教师只是给他们一些事例和问题，让学生组成小组，组内成员通过阅读、观察、实验、思考、讨论、听讲等途径去探究，发现并掌握相应的原理和结论的一种方法。

习中的问题解决，又是新问题的研讨交流，这一环节旨在让学生在"知其然"的基础上"知其所以然"。具体做法如下。

第一，动态分组。将全班学生按照学业水平、学生性格、个性差异、性别等分成10个小组，每个组4～5人，平均素质同等，合作探究时一般是"围坐型"，使学生在融洽的学习气氛中自主讨论。每组均有一名组长组织组员学习，引导大家研讨老师布置的问题。同时，教师作为参与者，应主动加入学生的讨论、交流之中。作为指导者，要对学生的讨论、交流不断地起促进和调节作用，使问题不断地引向深入。这一过程是学生主动构建、积极参与的过程，是他们真正学会"数学思维"的过程，也是其个性心理品质得到磨砺的过程。

第二，汇报和交流学习成果，总结规律。在教学中，学生处于主体地位，教师辅助学生学习，引导学生探究学习成果，让学生总结学习经验和成果，揭示学习规律。首先，由教师提出问题，再由学生组成讨论小组进行交流和总结，这个过程需要全体学生的积极参加。组内讨论完之后，再由教师组织班级交流和探索，让学生更深入地了解问题和解决。比如，在讨论有理数的加法法则时，有的小组总结探究出了相同符号的两数相加法则，有的小组总结探究出了不同符号两数相加法则，还有小组总结探究出：如果两个数互为相反数，则它们的和为零。在各组讨论总结完以后会发现，他们的探究内容并不全面，还有一些遗漏的情况，因此，初中数学的分类讨论并不全面。当全班的探究成果加在一起时，内容就相对全面很多，所以，这也让学生们懂得了合作学习的重要性。每一个学生都有自己的想法和逻辑思维，每一个学生的兴趣爱好和发展潜能也不同，因此，在教学中，教师一定要关注学生的个体差异性，尊重学生的想法。如果学生之间的观点存在分歧，那么教师可以引导学生分享自己的观点和看法，让他们重新审视自己的看法；此外，教师还应该善于观察，认真对待每一个学生的想法，引导学生关注重点问题和内容，实现统一认识。

（三）点拨启思，积极思考

课堂的第三个环节是点拨启思：教师应该坚持"夯实基础和提升能力共进"的原则，在选择例题的时候一定要精心挑选，并精心讲解例题。教师在讲解的时候，重点是点拨，一定要及时肯定学生，鼓励和引导学生积极思考。如果内容分析不全面，则教师应该及时点拨，且点拨也要做到恰到好处。将例题和其他相关问题联系在一起，深化解题思路，改变题目的条件，引导学生触类旁通，灵活地应对同类问题，在这个环节中，教师还应该积极引导学生建立新的知识体系，以夯实基础为前提，不断拓展延伸，提升学生的解题能力。

（四）当堂训练，及时巩固

课堂的第四个环节是当堂训练：当堂练习可以帮助学生巩固当堂学习的知识，并起到及时反馈问题、解决问题的作用。教师在设置当堂练习的时候，应该从教学内容和教学目标出发，有针对性地设置当堂训练，所选的题目也要有代表性，题目难度设置为中等。除此之外，还需要设计一些提高题和拓展题，以满足不同学生的需求，这样不仅可以帮助困难生加强巩固知识，还能让优等生优化学习体系。学生在做练习题时，教师应该在教室内巡视学生的情况，对于基础薄弱的学生，教师应该给予更多的指导和帮助。

（五）反思小结，拓展延伸

课堂的第五个环节是小节反思：在课堂的最后阶段，教师应该引导学生整理知识点，总结规律，提炼思想方法和形成自己的观点，这个环节应该以学生为主，让学生自我总结、自我评价，引导学生发言，表达自己的观点，这样可以让学生相互补充和完善，形成独有的知识体系，在这个阶段，教师的主要作用就是引导和启发学生。除此之外，教师还应该重视学生的课后探究和拓展延伸，让学生在课后也去探索和解决课上提出的问题，进而培养和提升学生的实践能力。陶行知先生曾经说过：生活就是教育，社会就是学校。在日常生活中处处有数学，数学源自生活。

三、进行自主学习，合理评价

学习评价可以促进学生的学习和发展，学习评价的主要作用是反馈学生的学习情况、促进学生反思，不断提升学生的学习能力、自我管理能力和激励能力。在学生学习的过程中，应该保持持续、全面的学习评价，评价的主要内容是学生应该了解哪些知识，学生应该学习哪些技能，学生应该具备哪些能力，并让学生通过学习评价了解自己的学习情况，帮助学生反思学习策略。比如，通过学习评价，学生可以知道自己在哪一方面的学习还需要努力，学生的学习方法是否合适等。对学习过程进行全面、系统的评价可以帮助学生进行自我调节，可以帮助学生更加清晰地了解自己。除此之外，学习评价还可以激励学生增强自身的优势；改正学习错误；明确学习目标；学会自我管理等。在评价学生的自主学习时，评价标准应该"以人为本"，将重心放在培养学生的综合能力上，并面向全体学生，重视学生的个体差异性，让这种激励性评价帮助每一个学生快乐地学习，快乐地成长，通过体验这种激励性的评价方式，可以促进学生的自主学习能力；另外，教师还应该引导学生相互评价和自评，通过自我评价和相互评价正视自己的问题，然后解决问题，总结经验。总之，正确的评价可以为学生的自主学习助力。

第二节 初中数学教学中的合作学习策略

一、初中数学教学中合作学习的认知

（一）合作学习的特征

"合作是现代人必须具备的基本素质，而合作学习是培养学生合作意识的重要方式"①。合作学习作为目前教学过程中经常使用的教学方法之一，为学生营造了团结合作的学习氛围，它有以下四个特征：第一，探讨式的教学活动。合作学习是将班级内的学生按照一定的原则划分成小组进行学习，通过合作学习可以实现优势互补，互帮互助，使小组成员积极地投入到学习中，促进整个小组学生的发展。第二，优化资源配置的教学模式。合作学习存在于小组活动中，小组中的成员或是根据学习态度划分，或是根据学习效果分组，小组内部有着不可预估的动态变化，因此合作学习也是灵活多变的。第三，实践性的教学任务。小组进行的合作学习要有学习目标和学习方向，这个目标不是个别成员制订的，

---

① 杜俊娟，张建，李蔚文，等.合作学习略论[J].体育教学，2015，35（5）：12.

而是结合小组内部所有成员的学习状态制订的共同目标。小组成员为了实现共同的学习目标必定会团结合作，齐心协力。第四，考核教学活动的依据。虽然合作学习主要是为了提高学生的学习成绩和学习效率，但合作学习也可以作为考核教学活动的主要依据，当小组内的学习成绩提高时，学生参与学习的主动性、积极性也会随之提高。

（二）合作学习的教学形式

合作学习不仅仅是以学生为主进行的分小组学习，还可以是老师和学生之间的合作，或是老师之间组成的学习小组。无论哪种合作方式，其最终目的都是为了提高教学成绩。

第一，教师和学生的合作学习。师生组成的学习小组关键在于师生共同参与，教师在日常的教学过程中要始终坚持学生的在课堂上的主体地位，对学生的表现要及时进行反馈，多鼓励、多表扬、多认同，充分调动学生的学习积极性，学生可以在这样的学习氛围中更好地发挥自己的学习主动性、创造性和想象力。这样的课堂教学也为教师的发展提供了条件，使教师不断提高自己的教学素养和能力。

第二，学生之间的合作学习。把班级的学生按照一定的原则划分而成的学习小组是当前课堂教学最主要的内容，合作学习这一理论最早是由以色列的沙伦、美国的约翰逊兄弟、斯莱文等学者进行实践性探索和研究的。这一学习方法强调的是学生通过合作学习可以加强彼此之间的互动，在制订小组共同目标的前提下，小组成员共同努力，可以促进小组成员的共同进步和发展，同时也使不同知识层面和能力层面的学互帮互助，取长补短。根据相关调查发现，这种生生合作学习的学习方式已经在很多学校展开并运用于实践了。

第三，教师之间进行的合作学习。这里的教师合作学习，既可以是同学科教师之间的沟通和交流，也可以是不同学科之间的教师进行的知识延伸和拓展，通过教师之间的合作学习可以提高课堂教学效果。这一学习模式最早出现在 20世纪 80 年代末的美国，它以合作授课的理论为出发点，目的是增强教师之间的交流合作，教师可以在课堂上实现共同合作授课的目标。一位教师的教学能力毕竟有限，而且每位教师对同一件事的看法和态度也不同，所以如果多位教师进行协作教学，就可以在互帮互助的情况下充实课堂教学的内容和方法，为以后的课堂教学打开新思路，寻找新方法，从而能够提高教师课堂教学的质量和水平，体现出合作学习的优势。但教师之间的合作学习也有一定的局限性，由于每个学校的师资情况不同，人员数量方面也有差异，因此很多学校还不能将教师之间的这种合作学习方式落实并实践。

第四，全员合作。全员合作的学习状态是最为理想化的状态，目前还没有成功地把学生分小组合作学习、班主任的班级管理、学校的德育教学内容、家庭教育以及社会教育结合起来，同时与课堂内的研究性学习相联系，在多方面教育内容的结合之下，在全员进行合作学习的状态下，能够激发全员学习的学习动力。

（三）合作学习的前提条件

就目前的教育模式来看，合作学习是一种正在推广但并没有取得实质性效果的方法，因为它的实现需要以下三个条件。

第一，学生需要有高度的自觉性。进行小组合作学习的学生需要有高度的自觉性，他们要明确学习的目标，理解学习的意义，并在小组合作学习的过程中互帮互助，积极配合。

第二，学生对合作学习要有很强的目的性。学生应该明确进行小组合作学习的目的是提高小组成员的学习效率和学习质量，彼此能够通过合作汲取成员的长处。

第三，学生必须学习进行合作学习的技能。小组成员之间的合作学习除了要提高学生的学习质量和学习效率外，还需要学生明确合作学习的技能。学生在合作学习中可以增进交流、团结合作，提高学生之间的合作技能。

二、初中数学教学中合作学习的解决策略

合作学习的教学模式在初中数学课堂教学上的应用，经过不断完善，基本达到了预期的教学效果。在具体实践的过程中应结合调查研究过程中发现的问题制订解决策略，使合作学习的教学模式得到进一步的完善。

（一）指导教师明确合作学习的理论

对课堂教学的任何一项改革都需要有相应的理论基础作为支撑，因此就需要老师对教学理论进行透彻的理解，在此基础上能够更好地进行教学改革，尽可能地将理论基础运用于实践中。合作学习的理论知识涉及学习的理念、学习的含义、基本方法和适用条件，教师需要把合作学习的理论知识与学生的具体学习情况结合起来，它不是一种简单的克隆，而是融会贯通，这样老师才能从根本上掌握理论的深刻内涵，才能有的放矢地在课堂教学中指导学生，激发学生参与小组合作学习的好奇心和求知欲，让学生更好地加入合作学习中去。

（二）创建科学合理的合作学习小组

1. 科学分配小组

（1）合理确定小组人数

合作学习小组人数的多少直接影响到合作学习的质量，合作学习的小组人数以 4 ~ 6 人最为适宜，尤其是 4 个人最好，我校每班人数大约在 40 ~ 45 人，所以每班可以分为约 10 个小组。因为人数如果太多、讨论时隔得太远、交流时用的时间过多，将不利于学生之间的相互交流和学生个人才能的充分展示。如果人数太少，不同意见就会比较片面，很难碰撞出智慧的火花，也将不利于学生之间的相互交流和互相帮助。有时候学生碰到难度比较大的问题，单凭一个小组的力量可能得不到解决，需要向其他小组求助。为了便于解决这样的问题，可以把两个小组靠在一起，这样就形成了 5 大队方阵，可以把每侧的学生进行强弱搭配，方便学生间的相互交流和合作。在教学中，教师还可以根据教学的需要调整小组的人数，以达到合作学习的最佳效果。

（2）坚持划分学习小组的原则

学习小组如何划分呢？有的是按照学生的学习态度和学习方式进行划分，有的是按照学生自身的需求进行的分组，但不管哪种分组方式目的都是为了增加学生之间的交流与合作，提高学习的积极性，激发学生的学习兴趣，从而能够提高学生的学习成绩，所以学习小组的划分要始终坚持科学性原则，坚持"组间同质，组内异质，优势互补"。老师在分组前要对学生的情况进行充分的了解，并结合学生之间的学习差异、思维方式、学习能力、性格特征、生活背景等状况进行分组，这样划分的学习小组能够让小组成员团结合作，相互取长补短，促进小组成员的共同进步。其次如何让学习小组发挥最大的优势，也是老师划分小组时需要重点考虑的问题。在学习的过程中难免会出现有的小组整体较强，而有的小组能力较弱，这时可以采用强势小组和弱势小组相互搭配的方法，让每个小组都可以共同进步。

2. 组员分工明确

除了要坚持科学性原则对学习小组进行划分外，还需要合理安排各组成员之间的任务，学生可以在教师的指导和帮助下明确自己的责任和学习目标，在学习小组中各司其职，团结合作，在有秩序、有目标、有纪律的氛围中合作学习。

在每个学习小组中，基本上设有不同的岗位来监督组内成员的学习，分别是小组长、检查员、记录员、汇报员，每个成员都各司其职，其中小组长的任务最为重要，学习成绩也要名列前茅，可以起到模范带头的作用。学习小组刚成立时必定会出现很多情况，经过一段时间的磨合之后各个成员对自己的工作会越来越得心应手，在后期的学习中也会游刃有余。小组长可以安排一些小组活动，如成语接龙、词语竞猜等，引导小组成员积极地参与，并鼓励他们发表自己的看法，通过活动可以加强彼此之间的沟通和交流，在不断地磨合中共同进步。

3. 培训小组长

学习小组中的小组长除了可以毛遂自荐外，老师还可以根据对学生日常表现的观察指定小组长，在后期的教学中要有意识地培养小组长。合作学习形成初期，很多学生对小组内的学习模式、学习方法和注意事项缺乏了解，并且很多后进生没有合作学习的技能，因此就体现了小组长的重要性，各组的小组长应该具有学习能力强、合作技能较高、有较强的责任心、学习成绩优秀等特征，这样他们才能够在小组中发挥模范带头和指导性的作用。把每个组的小组长确定之后，教师可以抽取课后时间对他们集中进行培训，主要是针对合作学习的技能和方式、内容进行培训，尽管开始时小组长很难在短时间内将这些内容彻底掌握，但在老师的指导和帮助下可在短期内提高这些能力，在促进个人发展的同时也带领着组员有进一步的提高。小组长除了可以寻求老师的帮助之外，还可以与小组的成员共商共建，鼓励组员积极发表意见，提出解决问题的办法，也能提高成员的责任心和管理能力。除此之外，小组内的小组长也不是一成不变的，教师可以根据组内成员的学习成绩和表现效果尽量给学生提供表现的机会，培养新的小组长。

（三）教师有效参与合作学习的过程

第一，教师在课堂教学的过程中要向学生提出具体的要求，明确学生的学习目标。很多老师在进行课堂教学时，会根据具体情况引导学生进行小组合作学习，但在开课之后便不会给予学生更多的指导，学生在这种情况下也处于一种模棱两可的状态，不能明确教师的意图，而老师也会发现在教学进行一半时，学生并没有按照教师设计的思路进行，合作学习的效果也不甚明显，学生的学习积极性也受到了影响。由此可见，明确合作学习的要求和目标是非常重要的。

第二，教师要指导学生在学习中学会质疑。在上数学课时，学生通过小组合作学习可以根据目前在学习过程中遇到的问题提出相关问题，并选出小组代表将组员问题进行汇总和整理，对组员频频出现的问题要及时提出来。当小组成员对同一问题所持的意见不一致时可以让大家把解决的方法都提出来，进行组内交流，然后可以在全班同学面前进行交流，并请求教师给予指导。

第三，教师要随时参与到学生的合作学习中。学生在小组间针对某一问题交流探讨时，教师可以随时进行巡视并指导，对每一小组的合作情况进行了解，并适时地参与到小组活动中。

第三节　初中数学教学中的深度学习策略

深度学习的课堂要鼓励学生积极探索和主动参与，重视各知识点间的联系和探究过程经验的获取，教师要注重问题情境的创设，注重知识的探索和体验，强调知识的变化，把握数学本质，在迁移应用的过程中提升解决问题的能力。"深度学习作为落实核心素养的有效途径，就要将发展数学核心素养作为总任务，以此为目标采取相应的教学手段来培养学生数学核心素养"①。

一、立足核心素养，系统解析数学教材

"强化整合建构"是数学学科进行深度学习的重要特征，虽然学习要求主要是对学生提出的，但是学生的学习习惯、学习能力等都与教师的教学息息相关，因此，对于数学学科，教师必须具有大局观，从全局角度把控学科，从学科特征、知识内容、课程标准、数学思想、数学方法等多个层面整体解读教材。教师应遵循"整体系统原则"，从整体上明确知识结构，自上而下地梳理学科内容之间的联系，帮助学生按照点、线、面的顺序学习知识，从而构造完整、全面的知识体系。除了从宏观上把握学科体系外，教师还应处理好整体与部分之间的关系，仔细研究每一章内容、每一个知识点，力求每一节课都能收到好的效果。在进行教学设计时，教师应采取循序渐进的步骤，使教学呈螺旋式上升，把握好内容之间的联系和教学的连贯。教师应结合数学六大核心素养的三个层次要求，将核心素养的落实作为数学教学的最终目标。

同时，数学深度教学应将重点放在核心内容上，数学的核心内容指的是学生学习新知识的基础，且教学内容前后要有连贯性和一致性，数学的核心内容对学生发展数学思维和培养解决问题的能力都有巨大的作用。在教学过程中，教师除了遵循重要的理论原则外，更重要的是要充分了解学生的能力水平和既有经验，并且从学生的实际情况出发进行备课。教师可以将教学内容以主题的形式呈现出来，从整体上对教学内容进行分析、结构和再构，如果条件适宜，还可以对教学内容的出现顺序和呈现形式进行合理的调整，或者补充合适的学习资源，以满足学生深度学习的客观要求。教师只有站在数学学科的制高点上看待教学内容，才能够真正把握全局，从而带领学生从局部入手，一步步构建学科整体。

---

① 赵柳丝.基于深度学习的初中数学教学策略研究[D].重庆：重庆师范大学，2020：24.

二、创设问题情境，激发学生学习兴趣

在教学过程中，生动的课堂形式是至关重要的，好的课堂氛围能够激发学生的学习热情，调动学生主动学习的积极性。根据教学内容，巧妙创建并合理利用课堂情境是开启学生深入学习大门的钥匙，是避免呆板生硬，让学生愿意学、主动学并乐在其中的有效途径。

数学情境创设要以学科的本质为前提，情境创设的目的是引领学生理解数学的本质，因此，情境创设应与学生的既有经验概念相冲突，让学生有问题可思考、有活动可探究，在过程中进行理解。此外，情境创设应激起学生的学习兴趣与探究欲望，想要持续地进行学习，只有学生的脑子动起来了，概念才会变得鲜活，思维才能不断生长。情境创设还要联系实际，不能完全脱离学生现有的知识体系，要让不同的学生有不同的理解，并让同学之间通过交流、讨论碰撞出智慧的火花，从而不断领悟新的内容。在情境创设中应设置一些值得学生思考与探索的问题，这些问题应具有一定的价值，通过解决这些问题要能够理解数学学科的本质。对于年级较低的学生，情境创设还应考虑到实际生活问题，如对初一的学生而言，他们还没有完全脱离小学生活数学的印象，因此，所创设的情境必须既要符合学科知识的要求又要贴近实际生活，要做到生活化和数学化并存。

三、设置问题探究，引领学生理解本质

教师可以把问题作为课堂活动的线索，也就是遵循"问题驱动原则"，用问题将教学内容贯穿起来。因此，这就要求教师在课堂教学中，要以教学目标为前提，以学生知识水平为技术设计一连串的问题，这需要教师对教学内容和学生水平有着全面而深入的了解。"问题串"的设计要以学生为主体，因为问题的设置是为了提升学生发现问题、提出问题、分析问题和解决问题的能力。

数学深度学习特征中还包括"重视过程经验"，也就是说，组织学生进行数学探究活动是数学教学中必不可少的环节，要重视探究的过程，为学生提供充裕的时间和空间进行自主探索与学习。课堂探究活动要以学习任务为基础，对初

中学生而言，研究活动还应格外关注其完成效率，应符合目标准、时间短、效率高这三个重要特点。数学探究活动通常包含以下三种类型：一是动手实践活动，动手活动通常能够提升学生的制图制表、调查记录、软件分析等能力，并能够为今后的数学学习积累宝贵的经验；二是数学语言交流和表达活动，数学语言能够很好地描述世界、表达生活，交流和表达活动能够帮助学生更好地使用数学语言；三是数学的猜测、推理、验证和反思活动，这类活动可以帮助学生了解知识的发现过程，这为学生的数学建模提供了重要的经验和良好的机会。

四、注重变式拓展，强化学生迁移应用

问题是数学的核心，数学能力的发展都是在解决一个个问题中实现的。能够运用迁移的方式来解决问题，这是深度学习的重要目标之一。学生面对的问题往往不仅涉及一个知识点，而是多个知识点的综合，这就需要学生把所有积累的知识都调动起来，使知识点构成知识面，从而解决实践问题。教师应该在课堂上重视学生的迁移能力，开展数学建模活动促进学生迁移能力的提升，帮助学生通过迁移知识来解决数学问题，这也是"变式迁移原则"的体现。

变异理论融合了学习与鉴别，但一个属性发生了变化，而其他属性没有变化时，变化的属性就会被辨别出来，也就是在变化中找寻未变的本质。变式教学就是这样的，它通过变化数学的附加条件，使数学真正本质的东西被保留下来，这不仅能够让学生看到不同的维度变化，还能够使学生对数学的认识更全面，对数学的学习更深入，能够剖析变与不变的关系，并且在不断变化的过程中牢牢抓住数学的本质内涵。

第四节　初中数学教学中的混合式学习策略

一、混合式的学习认知

对于混合式学习的理解可以从以下几个方面着手。

第一，混合式教学强调教学技术的应用。教学是一个信息与知识传递的过程，传递的效果如何，与教师采取的教学技术密切相关，恰当的技术能够极大地优化教学效果，反之，则对教学起到负面影响，学生的学习质量也不高。所以，教学必须依托恰当的技术。

第二，线上学习与线下学习的结合仅仅是混合式教学的表现形式，其内在本质应当渗透在多个维度，如在线学习环境与课堂学习环境的融合、在线教学活动与课堂教学活动的融合、在线教学资源与课堂教学资源的融合等。

第三，混合式学习实施的目的依然是更好地达成教学目标，只不过在教学过程中强调教与学所有要素的优化组合，这样才能取得最佳效果。

第四，混合式学习是在信息技术飞速发展的时代背景下产生的，因此，它的践行离不开网络化的教学环境，这是实现人机互动的基础。同时，各种各样的教学理念、方法、原则都可以在混合式教学中得到应用，学生可以自主地选择适合自己的学习方式，达成学习目标。

综上所述，在线学习与传统课堂学习的整合是混合式教学的主要特点，各种教学理论、方法、资源、媒介等的融合是混合式教学的核心内容，在此基础上，学生充分发挥主体作用，教师则扮演辅助角色，在良好的环境中开展自主学习、协作学习、个性化学习，以实现教学的最终目的。

（一）混合式学习的本质

第一，混合式教学是相互关联的动态系统。教学过程中的各要素本身就息息相关，在混合式教学中更是如此，甚至各要素的关系更为密切，它们相互关联、互为影响，共同构成了教学的耦合系统。教师与学生作为教学活动的双方，二者都存在自我组织教与学的意识，只不过在能力上表现得有强有弱。有序化的教学过程离不开师生双方的共同努力，师生有着共同的目标，也站在各自的立场接受着相同的信息，由此，学习过程中产生的问题与障碍便具有了一致性，有序化便得以实现。

第二，混合式教学重在激发学习兴趣。兴趣是最好的教师，也是学生学习最大的动力，混合式教学就非常注重对学生学习兴趣的激发。不论是在教学PPT 的制作中，还是教学活动的安排中，或者课后作业的布置中，混合式教学都强调融入趣味性元素，将学生的学习兴趣挖掘与调动出来，这样学生才能主动学习。

第三，混合式教学是线上与线下教学的融合。单纯强调在线教学、网络教学的教学方式不能被称为混合式教学，因为混合式教学是在线教学的延伸与传统课堂教学的扩展，更是二者的有机结合体。在线教学与传统课堂教学都存在不可忽视的缺点，即前者容易导致师生互动交流的缺失，学生在遇到问题时无法及时向教师反馈并寻求帮助，教师也无法立刻知晓自己的教学效果；后者则以教师讲授为主，弱化了学生学习的主体地位，阻碍了学生自主学习、合作学习、探究学习的步伐。

混合式教学之所以在教学实践中取得成功，就是因为其将在线教学与传统课堂教学相结合，充分发挥这两种教学方式的优势，这为教师提供了新的教学途径。概而观之，混合式教学模式对学习者更为关注，其在肯定教师作用的同时，鼓励学生自主探究学习，让学生主动完成意义的建构，形成更为健全的知识体系。

（二）混合式学习的特征

1. 个性化学习

教学内容虽然具有一定的固定性，但是学生在掌握这些内容时的侧重点却存在差异，这是因为每个学生的学习需求是不同的，他们会采取不同的学习方式、学习方法朝着不同的方向前进。混合式教学以学生为中心，根据学生的需求为他们制订个性化的学习方案。在差异化的教学辅导下，学生收获的学习成果要比传统课堂教学丰硕得多。当学生某个阶段的学习目标达成之后，也将更有动力开展下一阶段的学习。

为学生制订个性化的学习方案并不意味着教师要事无巨细地照顾每个学生，教师只需要根据学生在网络教学平台上提交的个人学习的薄弱环节，就可以为他们制订出有效的学习方案。对学生已经掌握得很好的知识点，一带即过；对于学生感到疑问与困惑的知识点，则进行深度讲解。如此一来，学生虽然没有得到教师一对一的辅导，但是却收获了相同的学习体验，获得了相同的学习效果。

2. 监督化学习

混合式教学主张对学生的学习进行监督，目的是更好地掌握学生的学习情况，从而为其提供针对性的教学辅助。所谓新型的监督化学习，主要是依托学生在线学习反馈的数据，对这些数据加以分析，学生的学习情况就完整地呈现在教师面前。另外，教师也可以通过多种方式主动了解学生的学习情况，如批改学生的作业、查看学生的学习反馈、统计学生在线平台的相关讨论等。教师之所以要及时关注学生的学习进展，是因为假如学生尚未掌握现阶段的知识，就进入下一阶段知识的学习中，必然会导致两个阶段学习效果均不佳的后果，所以，教师必须确保学生已经掌握了现阶段的知识，才能依照计划开展接下来的教学。

除了以上获取学生学习情况的方式之外，学习跟踪系统与学生自我评价系统对教师而言也是十分可行的选择。教师可以通过学习跟踪系统对学生的学习情况进行统计，如根据学生对教学材料访问的次数推断学生对这部分教学内容的掌握程度，根据查看教学材料的具体用户了解不同学生的学习进度等。自我评价系统不仅是针对学生开发的，让学生对自己的学习情况进行评价，而后上传至系统平台，更对教师掌握学生的学习情况大有裨益，教师可以依据学生对自我学习成果的总结与反思，知晓学生学习目标的达成情况，从而对自己的教学行为加以调整。从这个角度来看，自我评价系统既让学生对自己的学习表现进行了客观评价，也反映出了教师的教学成效，实现了对教师的监督。

3. "全方位"混合式学习

（1）教学方式混合

对于混合式教学而言，线上与线下即在线网络教学与传统课堂教学的结合是最表层的含义，这也意味着，只要是混合式教学，就都符合线上与线下混合这一特点。在以往的教学实践中，以互联网、多媒体等为媒介的线上教学与传统的课堂教学存在一道鸿沟，大多数教师仅仅以课堂讲授作为教学的重心，混合式教学则打破了线上与线下教学的界限，使两种看似迥然不同的教学方式融为一体。混合式教学在教学实践中的应用绝不能流于形式，要真正地把教学各要素有机联系起来，如师生、家长、教学资源等，引导学生同时开展线上学习与线下学习，充分发挥互联网、多媒体等对传统课堂教学的促进作用，让学生在良好的氛围中习得知识、掌握技能。

（2）教学理论混合

由于教学活动的复杂性，教育界并不存在所谓的通用教学理论，即一种在任何情况下都能促进教学实践发展的理论，因此，教师应当根据教学的实际情况采用多种不同的教学理论。目前，公认的对教学效果具有积极作用的教学理论包括行为主义教学理论、认知主义教学理论、建构主义教学理论等。在知识的传播与转换方面，行为主义与认知主义教学理论的优势最为明显，其能够极大地促进学生对知识的学习、内化与吸收；在均衡教师的教与学生的学方面，建构主义教学理论则表现得更好，其能够指导教师建构起有利于学习发生的教学环境，从而推动整体教学目标的实现。不同的教学理论具有不同的特点，它们所表现出的对教学的促进作用也各不相同，这就要求教师在分析教学内容、教学目标、学生学习情况等的基础上，灵活应用各种教学理论，这也是混合式教学所倡导的教学理论的混合，唯有如此，才能最大化地发挥各教学理论的作用。

（3）教学资源混合

第一，教学资源内容的混合。随着社会的发展，单一的技能型人才已经无法满足用人单位的需求，因而，综合性人才培养成为学校的重要任务。学生在学习的过程中，不能仅仅接受某一门学科知识，而是要广泛吸收多学科的内容，在混合式教学资源内容的推动下，形成系统条理且发散的知识体系，从而形成更强的社会竞争力。

第二，教学资源呈现方式的混合。教学资源是学生知识与技能学习的主要来源，在传统的课堂教学中，教学资源通常借助书本这一载体以文字的形式呈现出来。基于混合式教学，越来越多地依托互联网与多媒体的资源呈现方式衍生出来，学生完全可以在学习课本的基础上，借助新型的资源呈现方式加深对知识的理解。知识本身就是无处不在的，课本中、黑板上、网络里都能学习到知识，只有将传统的与新型的教学资源呈现方式混合起来，同时发挥二者的作用，才有利于学生对多种教学资源的综合利用。

第三，教学资源整体的优化与整合。在线学习资源与传统的课本中的学习资源融合，学生获得了庞大的学习资源库，其多种多样的学习需求基本都能得到满足。但与此同时，庞大的学习资源库中也产生了许多低质的内容，如同一知识点的重复讲解、同类知识点的分散讲解等，这样的资源并不利于学生的高效学习，也造成了不小的资源浪费。所以，教学资源必须在混合的基础上实现优化与整合。

二、初中数学教学中混合式学习策略的应用

（一）课前推送预习资源，汇聚教学重点和难点

课前阶段，教师可以根据教学规划，在现有的云班课中，提前为学生推送有关下节课教学的导学案、PPT、教学视频和微课，其中导学案包括：教学重点和难点，自学内容，自学测试题等。学生在完成导学案、自学任务、自学测试后，教师会及时获得反馈，并根据学生遇到的普遍难点在课堂上着重讲解，同时在看到学生出现讲过的知识点出现错误时，教师还可以及时通过线上交流软件，再次讲解该知识点，教师要在设计学习内容和方式时，充分考虑内容的实用性，让学生在教学结束之后拥有运用所学知识灵活解决问题的能力，这种能力不是简单地使用数学定义、公式和原理解决问题，而是指学生可以运用在学习过程中积累的数学经验、逻辑思维、观察能力和数学思维能力解决实际问题，这也是深度学习本身价值的体现。

（二）课中答疑，图形结合，攻克教学重点和难点

在进行实际数学课堂教学时，教师还可以创设情境，并依据相关案例，给出相关问题，为了提高难点的攻克速率，教师可以使用合作教学方式，将学生进行分组，并让每个小组根据问题，开展组内探究与讨论，以此提升学生在数学方面的探究能力与解决问题的能力，为接下来的课程奠定良好的教学基础。例如，在初中数学"二次函数"的教学过程中，数学教师可以给出这样一道题：现有二次函数 $y=ax^2+bx+c$，其图像是开口向上的，并且该图像过点（-1，2）和（1，0）两点，与此同时，该图像和 y 轴在负半轴相交，问题1：$a>0$ 是否正确？问题2：$b>0$ 是否正确？问题3：$c>0$ 是否正确？在这道数学试题中，数学

教师可以引导学生运用数形结合的方式进行解答，先通过图像中抛物线的开口方向，来确定第一个问题中的 a 与 0 之间是怎样的关系，可推出 $a > 0$ 是正确的。然后，学生通过观察发现抛物线的对称轴处于 y 轴的右侧，同时通过第一个问题知道了 $a > 0$，所以 $b < 0$，然后根据题目中提到的抛物线与 y 轴在负半轴相交，所以得出 $c < 0$。

（三）课后布置任务，提升学生推理能力

课后阶段，教师可以进行针对性教学练习设计，以此帮助学生巩固知识点，想要在教学中促使学生在推理能力方面有所提升，"新时代的数学教师便需要从多个角度进行教学模式的更新和优化"[①]。推理的前提是探究，数学教师需要根据实际情况，为学生指明正确的探究方向，引导学生进行合作探究，每个学生都有其独特的思维方式和推理思路，当不同的学生对同一个数学知识进行讨论和探究时，能够碰撞出更多的探究火花，从而促使学生的推理过程更加顺畅，同时，合作探究是一种非常科学且合理的教学方式，它在一定程度上掺杂着推理的因素，并能够引导学生推理出正确的数学答案，最终实现推理价值和推理意义。

数学教师是现代教育技术的使用者，也是初中阶段数学教学的实施者，现代教育技术可以和任何一门学科进行融合，但是想要融合得彻底、高效，就需要教师彻底认清学科教学特点，结合学生的真实学习需求和心理状态，不断分析和研究具体的融合内容和融合方法，以此达到丰富教学资源的目的，并帮助学生增长其自身的学习自信心，促进学生数学推理能力及思维能力的养成。

综上所述，在初中数学课程教学中运用混合教学模式，可以将传统课堂教学与网络信息教学优势有机结合起来，提升了学生在数学方面学习的兴趣点，拓宽了学生的学习视野，提高了学生在数学方面的学习效果，还增强了教师在学习方面的教学效果，促使学生数学学习不受时间和空间的限制，进而提升了教学质量。

---

① 戈力. 混合式学习在初中数学课堂教学的应用策略 [J]. 数学学习与研究，2021（17）：2.

第五章 基于核心素养的初中数学教学中的能力培养

随着课程改革不断深入，在实施初中数学的教学中，从事相关教育事业的教学者越来越重视培养学生的核心素养，通过把核心素养渗透到数学课堂教学中，能有效激发学生的学习兴趣，调动学生的热情，还能够培养数学能力，拓展其数学的思维。本章重点围绕初中数学学科核心能力的教学研究方向、核心素养下初中数学教学中的学科能力培养、核心素养下初中数学教学设计与解题能力培养展开论述。

第一节 初中数学学科核心能力的教学研究方向

一、初中数学学科核心能力的教学改进

课堂教学研究方法的基本形态，主要有质的研究和量的研究两种研究范式。质的研究具体研究方法有课堂观察、课堂话语分析、教学案例分析法等。量化研究主要是利用数学统计的方法或者信息技术手段，对课堂教学中的师生行为、教学现象与问题进行分析。

研究课堂教学目的之一是进行教学改进，其根本是促进学生素养和能力的发展。在西方常常采用如工作坊培训、同伴互助、教学案例研究等方式帮助教师提高专业素养和教学技能。在国内，教研制度成为教育体系中的一部分，在

这个制度下，"磨课"成为日常教师改进教学的核心活动之一。在多次的磨课活动中，教学研究团队常常关注的是教学的关键事件的处理，以此来提升教学效果。具体而言，目前针对教学改进的研究主要有以下三种模式。

第一，以区域教研或学校听评课为主的教学改进活动。作为区域教研或学校的主要教研活动，听评课在促进教学改进、提高教师专业发展方面有着重要的作用。

第二，"教—学—评—体"教学改进模式。该模式从课堂前测到总结与反思，每个环节都能体现评价，将教学与评价自然地融合在一起，使之成为有机的整体，起到对学生学习的促进和对教师教学的改进作用。

第三，视频自我分析的教学改进研究，教师利用教学视频，自我分析，寻找教学设计与教学实施过程中的偏差，以促进教学改进和教学技能的提高。

无论是区域教研的听评课还是视频的自我分析，研究的着力点是抓住教学中的关键事件进行打磨，以此促进教师教学行为的改变，提高教师的专业素养和技能。教师的教学行为是影响学生学习的重要因素之一，但这些教学改进模式并没能很好地回答如何评价教学行为改进效果的问题，而教学行为的改变策略对学生学习的影响是值得深入研究的问题。尽管所有的教学改进的最终目的都是促进学生能力的发展，但这些教学改进模式并没有凸显出对学生数学学科能力发展的培养与评价。

二、初中数学学科核心能力评价的研究策略

"数学学科核心素养是数学课程目标的集中体现，是具有数学基本特征的思维品质、关键能力以及情感、态度与价值观的综合体现，是数学学习和应用的过程中逐步形成和发展的"[1]。基于数学学科核心能力评价的课堂教学过程改进中，应以数学课堂为主要阵地，通过转变教研方式，在课堂教学实践中不断完善，促进教师教学方式和学生学习方式的转变，提高学生的数学学科核心能力水平，在这个过程中形成具体的策略。

---

① 张成永.基于核心素养的数学课堂教学提问策略探究[J].数学之友，2021（4）：28.

（一）同课异构促进教学的策略

顾名思义，"同课"是指相同的教学内容，"异构"是指不同的教学设计。"同课异构"就是选用同一个教学内容，根据学生的实际、现有的教学条件和教师自身的特点，进行不同的教学设计。在研究中，"同课"不仅指教学内容相同，还指课堂教学改进目标相同。

在教学评议和教学反思的过程中，教师对问题的探讨也更加深入。通过这种"同课异构"活动，可以具体探讨如何在数学课堂中进行数学学科核心能力的培养，更好地辨析哪种引入方式、哪种活动设计、哪种设问反馈方式更有利于学生的培养。在这个过程中，教师们可以相互学习不同的教学理念和教学风格。研讨后形成个人的反思，再进一步对自己的教学进行改进。在改进过程中，促使教师不断地对教学进行反思，从而不断提高教学技能，另外还能够及时发现教师间的差异，互相取长补短，促进数学教师教学能力的提高。

（二）围绕数学学科核心能力听评课的策略

在每一个基于数学学科核心能力的课堂教学改进案例的实施流程中，会有多次听评课环节。听评课是教师了解和研究复杂的课堂教学的一种主要方式，也是发现问题、解决问题的一种有效途径。听评课的过程中离不开有效的课堂观察，课堂观察是通过观察，对课堂的运行状况进行记录、分析和研究，并在此基础上谋求学生课堂学习的改善，促进教师发展的专业活动。在课堂教学改进项目的实施过程中，要求改进团队成员带着明确的关注点来观课，将授课教师的课堂教学过程进行细化，通过从课堂中有效地收集整理课堂信息，并依据这些信息，对数学课堂教学进行理性的分析和研究，从中发现数学课堂教学中存在的问题，提高评课的针对性和效率，使得教学改进建议更具科学性和有效性。将已有的一些课堂观察量表用于课堂教学实践，为课堂教学改进提供了理论依据。在课堂观察中，不只关注教师的课堂教学行为，更关注学生的课堂表现。这是因为数学课堂教学改进的目标是提升学生的数学学科核心能力，教师的教学活动设计是为了学生的学，最终要落实到学生身上。

带着关注点来听评课，让每位教学改进的成员在评课时都有话可说，所提的改进建议具有很强的针对性，而且也令授课者信服，容易接受改进建议，这种详细的分析，让授课教师觉得这对改进教学设计和改变一些不良的教学习惯有很大的帮助。同时这种方法也像给了教学改进团队的每位成员一面"镜子"，促进大家去积极反思自己的优点和不足。

（三）持续跟踪记录，改进成果的策略

基于数学学科核心能力的课堂教学改进是一个长期的过程，需要培养数学教师的这种课堂教学改进意识，形成自身的一套改进方法，并将这种改进意识和方法长期运用于数学课堂教学中。采用跟踪记录改进成果策略，使得教师通过一个完整的数学课堂教学改进周期，将改进过程中每一稿的教案、学案、PPT等材料按改进顺序保存下来，并将每次改进的原因、课堂教学改进实施中遇到的困惑和收获、授课教师的感受以及学生的变化、改进团队的评价与建议等记录下来。在这样一个持续跟踪记录的改进过程中，促进教师形成一种主动改进的意识，通过不断反思教师的教学行为和学生的学习表现。实施持续跟踪记录改进成果策略具有以下教育价值。

第一，给改进学校留下了一些固化的改进成果，这些成果有利于今后课堂教学的实施。通过这种行动研究，促进校本教研的开展。

第二，这些教学改进案例可以在区域教研中进行交流推广，这些案例可以用作教师培训时培养教师分析问题、做出决策以及解决问题能力的材料，使得更多教师受益，促进数学教师的专业化成长。

教学改进研究是教学研究中永恒的话题，培养学生的数学学科能力，进一步培养学生数学学科核心素养是教学改进过程中更加关注的焦点。在这个过程中，学生数学学科能力前后测评是依据，教学关键事件的分析与改进是核心，数学教师专业素养的提升是根本保障。

第二节　核心素养下初中数学教学中的学科能力培养

"数学是理科学科进一步学习与深造的基础，同时，通过对数学的学习

能够使人的智力、创新思维得到发展，对唯物主义世界观的形成也有一定的帮助"①。

传统初中数学教学活动都是以教师为主、学生为辅。教师不断向学生传授知识、主宰课堂，学生则被动接受知识，这种单一枯燥的教学模式很容易让学生产生厌学和抵触心理。所以对数学教育理念与模式的创新和改革是必要的。在数学课堂活动中，教师一方面要重视培养学生的数学核心素养；另一方面要培养学生自主探究数学的能力，并在学习过程中积累更多的数学学习经验和生活经验，使学生深刻意识到学习数学、懂得数学知识的实用性和必要性，培养和提高初中生良好的学科综合素质，为今后数学知识的学习和运用奠定坚实的基础。教师应当根据学生的个性化学习需求和兴趣爱好设定多元化的数学课堂活动，转换传统课堂的师生角色，让学生成为数学课堂活动的主人公，使数学课堂更具活力，提高数学课堂活动的有效性。

核心素养下初中数学教学中的学科能力培养主要从以下几个方面着手。

第一，增加课堂互动与交流。在初中数学课堂教育活动中，教师要把初中生作为课堂中的主体对象，改变以往的主导者、权威者的教育角色，让学生勇于质疑与探究，使学生具备辨析事物的能力，切实实现并充分展现学生在学习过程中的主体地位，"优化教学过程，建立高效的课堂体系，来推动教学质量的提高"②，并且能够使学生在教学活动中获取更多的知识。

第二，重视习题练习的多样化。习题练习在初中数学课堂教育活动中起着十分重要的作用，不仅可以帮助学生复习和巩固数学知识，还可以培养学生在数学方面的思维的灵活性，帮助学生拓展数学思维。练习册和课后练习是传统数学习题活动中的主要练习内容，这种习题方式相对单一、枯燥，不仅会使学生产生抵触心理，机械式参与习题练习的方式还无法提高学生知识的运用能力。所以教师应当重视数学习题的多元化，争取让学生在解答数学习题的过程中构建相对完善的知识结构，并进一步实现相关数学知识的延伸与拓展。如此便可

① 张路瑶.谈初中生的数学学科能力的培养[J].城市建设理论研究（电子版），2015，5（27）：2980.
② 曾文辉.优化教学过程，构建高效初中数学课堂[J].中外交流，2020，27（29）：198.

以达到培养初中生良好数学学科核心素养的目标，使学生在掌握知识的同时，对自我数学思维能力、数学探究能力、数学实践能力予以锻炼和提高。

第三，创设数学教学情境。对初中生来说，数学知识是抽象而复杂的，提高学生参与数学知识探索的主观能动性需要创设生命化的数学教学情境作为辅助，因此教师有必要在初中数学教育工作中结合实际生活创设数学教学情境，充分体现陶行知"生命就是教育"的教育思想。用初中生能够理解和接受的方式进行数学知识的讲解，培养学生的数学认知能力和理解能力，从而使学生的数学综合素质得到提高。例如，教师在讲解《绝对值和相反数》时，可设立生活中与距离、方向等相关的数学情境，且列举出实际生活案例。假设东东与泡泡的家到学校的距离，会影响到东东与泡泡上学的时间，教师可以引导学生将学校视为原点，把东东与泡泡家视为数轴中的点，然后设计相应的数学问题情境，学生在解决这道生活化数学问题时，既可以强化所学数学知识的记忆与应用，又可以在融洽的数学课堂教学氛围中找到乐趣，使数学教育活动更具有效性。再如，教师在讲解《有理数的乘法和除法》的过程中会涉及"两数相乘，异号得负，正号得正"的乘法法则。教师可用水位变化情况对其进行讲解，在讲解过程中采用多媒体技术为学生展示水位上涨前后的生活情况，让学生构建"正数乘负数"与"负数乘负数"相应的数学模型概念轮廓。又如，教师在讲解《数轴》相关知识时，教师可以使用道具"刻度尺或温度计"，向学生展示排列顺序，并将"数轴"的数学概念适时引入，突破以往数学课堂活动中对数学概念直接灌输的情况，消除学生抵触和畏惧学习的心理。如此生动而有趣的授课形式，让学生在回顾生活经历或生活经验时，会对知识产生强烈的求知欲和探索欲，并在学习的过程中养成较好的学习习惯和行为习惯，同时积累更多的生活经验和技巧。

第四，体现数学知识价值。教师需要改变以往课堂理论的讲解式和灌输式教育模式来教授初中数学这门实践性非常强的学科，如此便要借助实践活动来体现数学知识的价值。实践是检验真理的重要标准，教师要在让学生掌握数学知识的同时，使学生能够根据自己的理解去探索数学知识。只有这样，学生才能在课堂学习活动中找到适合自己的数学学习方法和学习技能，从而提高自己的发散性和逻辑性等数学思维能力，达到提高学生综合数学素养的目标。此外，教师在进行数学课堂实践活动时，应允许学生独自操作，动脑思考，从而获得真正的成长和学习。例如，在解释和探索"平行线"数学教材知识的过程中，教师可让学生以小组的形式进行课外实践，带学生观察生活中与平行线相关的生活现象。一些研究小组发现，当建造桥梁时，方向通常垂直于河流两侧，平行线之间的距离是相同的。

第五，激发学生对数学知识的求知兴趣。为了有效激发学生对数学知识的求知欲，教师在初中数学课堂教育活动中要充分围绕"教学做合一"设定教育方案，让学生更加积极地投入数学课堂教育活动中，取得理想化的数学教学效果。数学是一门逻辑性、实践性和生活性很强的基础学科。初中生正处于习惯形成的重要阶段。教师应该给学生更多的展示自己和独立实践的机会，从而培养初中生良好的生活习惯和学习习惯。教师应使学生感受到学习数学知识的必要性和实用性，使他们更加关注数学学习活动，感受数学知识的魅力。只有这样，学生在数学学习的过程中才能有更多收获。教师在初中数学教育活动中应进一步实现"教"与"学"的深度融合，改变以往数学学习活动中单项灌输数学知识的模式，鼓励学生勇于创新，真正实现"教与做的融合"。

传统数学课堂中的学生通常被允许观察教科书中的图片。然而，由于小学生的认知能力和理解能力有限，所以他们根本无法在真正意义上理解相关知识。此时，教师可以让学生亲自动手拆开正方形的粉笔盒、长方形的纸箱，用虚线将拆解后的平面图形标注出来。这不仅可以加深学生对所学数学知识的理解和记忆，还可以培养学生的动手操作能力和空间想象力，使学生在学习中获得成就感和自豪感，对数学教学学习活动更加重视。此外，在数学教育活动中，教师加强与学生的互动与交流，鼓励学生结合现实生活素材提出问题，加强数学知识与现实生活的关联。培养学生用数学知识原理解释各种生活现象，并利用所学的数学知识解决这些现实生活中出现的问题的能力，做到由此及彼、学以致用。

总而言之，处于新时代教育背景下的初中数学教师，要跟上时代的步伐，把学生视为数学课堂教育活动中的主体对象，积极引导学生独立发现问题、分析问题、解决问题，拓展和强化学生所学知识的领域与记忆，建立并完善完整的数学知识结构。此外，教师还需要在开展多样化数学教育活动的同时，培养学生良好的数学思维能力和实践能力，增强数学内容的趣味性和实用性。

第三节 核心素养下初中数学教学设计与解题能力培养

一、核心素养下初中数学教学设计能力培养

在核心素养视域下，初中数学教师应当以促进学生均衡发展、全面发展为导向来进行教学设计，不仅要关注学生的知识掌握情况，还要将能力、知识、价值观、态度等融为一体，在这个基础上进行教学设计优化，让学生获得全面发展。

（一）核心素养下初中数学教学设计能力培养的重要性

教学设计是教师为了达到一定的教学目标而拟定的教学意图，是系统安排、规划教学活动的过程。"教学设计能力是教师胜任教学设计工作的基本知识、技能和态度的综合。"[①] 良好的数学教学设计能力，不但可以实现有效的教学，而且对教学教师的成长因素也很重要。可见，合理的教学设计对课堂教学有着非常重要的作用，能够使教学工作更加有序地开展，提升教学的实效性。初中数学教师不仅要传授给学生数学知识，还要培养学生的数学抽象能力、逻辑推理能力、直观想象能力、数学建模能力以及数学运算和数据分析能力。教师只有提前制订好教学计划，遵循教学规律，根据数学核心素养的内涵，运用系统的教学方法，结合教学工作的特点和规律来选择合适的方法和策略，才能给学生构建精彩、高效的数学课堂，让学生获得全面发展。教学实践证明，初中数学教学设计非常重要，直接影响着课堂教学效果和数学核心素养的落实。

（二）核心素养下初中数学教学设计能力培养的优化原则

核心素养理念强调，将学生培养成"全面发展的人"是核心任务。数学教

---

① 陆光明. 初中数学教师教学设计能力研究 [J]. 当代教育实践与教学研究（电子刊），2015（5）：26.

学设计应当遵循以下原则。

第一，以生为本。在传统的教学中，学生跟着教师步伐走，亦步亦趋，完全丧失了学习的主动权。核心素养强调，"以学生为中心，一切为学生服务，让学生学会自主探究"[①]。所以，在教学设计时，教师应当遵循以学生为本的原则。比如，在课堂时间的划分上，教师要遵循少讲多练原则，尽可能地多给学生留出自主思考、探究和练习的时间，适当地减少讲解基础知识的时间。在讲解公式的时候，教师可以先让学生自己推导，然后再根据学生的答案进行补充、纠正。

第二，激发学生的学习兴趣。核心素养的 18 个要点中包括"乐学善学"，要想改变学生不愿意学习的状态，让学生乐于学习、善于学习，甚至形成终身学习的意识，教师应当遵循激发学生学习兴趣的原则。比如，教师可以对教学方式进行趣味化处理，采取情境教学法、游戏教学法、多媒体教学法等多元化教学方法，让学生产生浓厚的学习兴趣。

第三，培养学生的自主学习能力。教学目标不仅要让学生掌握所学知识，还要让学生了解知识的本质、答案的来源，开阔学生的数学思维。如果学生掌握了学习方法，具备了自主学习能力，就能减少对教师的依赖，即使没有教师的指导，也能做到有效学习。

总而言之，基于核心素养进行的教学设计优化是一项长期的系统的工程。教师要根据实际学情、数学核心素养内涵、学生的学习需求，在遵循学生主体性的基础上对传统教学方法进行改进，让学生在习得知识的同时掌握获取知识的技巧，获得愉悦的学习体验，真正落实数学核心素养培养，提升学生的综合能力。

二、核心素养下初中数学教学解题能力培养

"数学教学重视解题能力的培养，解题能力培养与课程教材知识体系学习之间是互补与平衡的关系。形成稳定简明的教学理论框架及其操作性较强的数

---

① 严端. 核心素养视域下初中数学教学设计优化探析 [J]. 中学课程资源，2021，17（1）：52.

学课堂教学模式，可以促进学生的数学意识、逻辑推理、信息交流、思维品质等数学素质的提高，为学生的自主学习、发展个性打好基础。"①

数学作为一门基础学科，在学生的求学生涯中扮演着极其重要的角色，学生要学好物理、化学等许多理工类学科，就必须掌握好数学这门课程。在初中数学教学中，培养学生的解题能力是数学教学的核心和灵魂，因此，数学教师在教学时，不要一味地只是讲解概念、公式，要重视培养学生的解题能力。

（一）重视教学方式

文化基础最根本的就是初中数学教学的核心素养，在此角度下，数学教学与课本和课堂息息相关，所以培养初中生的数学解题能力，应该紧抓课堂和教材两个方面，并结合学校自主研发课程，提高数学的教学效率。课堂的主体是学生，教师在教学中起到一定的推动作用。

第一，突出主题，尊重个体。不论是课堂教学还是平时生活中的教育，都要注重对学生的自立自强能力的培养，激发学生的求知欲望，在训练过程中，调动学生的积极性，突出他们的性格特点，最重要的是确保学生能够将在课堂上掌握的理论知识应用到实践中。与此同时，教师应该提高教学形式的多样性，训练以及提高学生的逻辑能力，形成多元化且富有个性的教学模式，学生在解决问题的过程中既满足了自己的好奇心，又感受到成就带来的高峰体验。在课堂上讲解新理论的过程中，大部分教师都是从已知的内容出发，进行新旧对照，尝试创建解决新问题的方法，进而使学生顺利地掌握新的学习内容，指导学习能力较低的学生强化记忆，修正不正确的地方，查缺补漏，为他们提供良好的学习环境，进而增强学习的内在动力。在教学的过程中，学生应该被给予更多的尊重与选择，促进新旧知识相互作用，发挥重要的功能。

第二，善于课堂提问。在教学过程中提问环节的问题大多由教师提前准备，按照掌握知识、理论的程度进行分析，有意识地创建提问环节，这个环节所涉及的问题大部分是重点内容，教师应做到层次分明、由简到难地创建问题。提问这一环节有助于锻炼和提高学生的数学水平。现如今教学改革正在执行过程中，早期的教学思想跟不上现阶段教育成长的步伐，在数学理论知识的讲解中，最重要的是改变一成不变的教学体制，带有选择性地增强学生的内在动力，采取有效的方法帮助他们增强自信。提问这个环节既能够增强学生的内在动力，还能够提高学生的数学水平。在具备综合素养的情况下，不管提问方式如何都能够促进学生与教师之间的关系，增加两者之间的亲密度，改变早期课堂死气沉沉的现象，学生能够在一个充满尊重公平以及关爱的环境中成长，通常而言，提问是充满乐趣而不是紧张严肃的，这也是现今教育发展中最为重要的特征。

教学过程中所提出的问题要具有一定意义，特别是能够起到提高学生水平的作用，选取开放式的方式能够提高学生的专注力，积极思考分析的能力，进而获得新的理论技能，增强内在动力。

（二）纠正教学偏见

初中的数学理论知识是国家规定的必修科目，无论是教育的协调成长还是提高学生的数学水平都需要教师的指引和帮助，切忌区别对待每个学生，对学习力较低的学生更应该给予更多的关爱与帮助，使学生平衡成长，在每堂课快要结束之前，教师可以给予学生自由分享与交流的时间，通过这种形式促使学生自主地发现问题并解决问题，从中获取准确的成果，或者教师参与到学生的讨论之中，积极与学生进行互动，建立起亲密的师生关系，学生会坦然地向教师诉说心中的质疑，教师再给予讲解，这样不仅加强了两者之间的亲密度，而且还激发了学生的动力，提高了数学水平。

从素质教育的方面来看，提高教师的知识储备以及教学讨论能够避免一成不变的教学体系，并且发掘以及创建能够提高学习水平的方式，尤其是促进学生处理数学问题的水平，同时教师能相互交流教学方案，取其精华、去其糟粕，形成更加完善的教学体系。在教学方面，大部分教师都具备良好的教学能力，教师能够充分增强教学能力，定期钻研关于教学的理论知识，同时将学习的理论应用到现实教学中，对自己的教学方式与成果进行评价并且收集其他教师和学生对自己的教学反馈及评价等，修改弊端，尽可能地完善和提高教学水平，进而使学生处理问题的水平不断增强。

（三）构建学习心态

为实现师生的真诚交流，使教师和学生建立朋友关系应做到以下几个方面。

教师应改变自己的主导地位，经常与学生交流讨论并保持相互尊重、亲和的态度，绝不能出现歧视偏见的情况，否则会影响个别学生的心理状态。在课堂学习过程中，不仅要为学生创造轻松愉悦的环境，还应该给予学生能够进行讨论与分享的时间，进而激发学生的内在动力，促使教师与学生之间建立密切关系。需要特别注意的是，对处于叛逆期的学生一定要让他们感受到教师的关爱与重视，这样他们就能以正常的心态来面对周围事物。

教师应该全面掌握和理解学生的内心声音，在解决难题的过程中，主要针对他们遇到的困难给予帮助与指导，同时给予精神上的支持与启发，防止他们在解决问题时产生负面情绪，并将其转化为正向能量。部分学习能力相对较低的学生由于心理落差大，孤僻、不愿与其他人交流，此时教师应该给予他们更多的关爱与帮助，更多的肯定与赞扬，提升他们的自信心，促使他们尽快参与其中，得到训练并提升数学水平。

第六章　基于核心素养的初中数学
教学实践的多维视角

　　随着现代教育观的不断深入，人们对培养学生学科核心素养的重视度越来越高，并且成为教学的一个隐性目标。因此，教师需要真正将核心素养渗透到课堂教学中，进而实现教学的高效性。本章从不同视角对核心素养下初中数学概念教学、核心素养下初中数学错题的管理实践、核心素养下初中数学发展性作业的优化、核心素养下初中数学文化教学实践进行研究。

第一节　核心素养下初中数学概念教学

　　数学概念教学是指教师根据学生已有的知识和经验，创设恰当的问题情境，引导学生经历数学概念的形成过程，理解、掌握概念的内涵与外延，建构良好的数学概念网络，并学会运用概念解决数学问题。

　　维果茨基将概念区分为自发性概念和科学概念。自发性概念是指学生在日常生活中或者其他无意识的活动中对概念对象形成的认识，是没有人刻意教的。科学概念则是定义明确的、精细的，有一定逻辑意义和体系属性的概念。概念教学中所指的概念就是科学概念。在概念教学中，教师应该积极利用学生的自发性概念，发挥它的实践性、浅显性、通俗性特长，为科学概念的建构做好铺垫。同时，也应当谨慎地分析它的弱点、缺点和错误，设法提防、抑制和纠正，帮助学生从自发性概念中去粗取精，抽象地概括出科学概念。

在概念教学中，教师既要让学生明确概念"是什么"，也要让学生掌握概念"有什么用"，教师应该引导学生了解数学概念的来源，体验概念在解决现实生活的问题或发展数学理论体系中所发挥的作用，经历概念的"再创造"。概念教学应该"淡化形式，注重实质"，将重点放在概念的形成、理解和运用上，在教学的过程中帮助学生明晰概念之间的联系与区别，建构良好的数学概念，网络概念教学技能是教师帮助学生有效地理解、掌握和运用概念，进而发展学生抽象思维能力的行为方式。

一、核心素养下初中数学概念教学的环节

第一，概念的引入。引入新概念的过程，包括了解该概念的必要性和合规性，初步揭示它的内涵和外延，给概念下定义。概念的引入直接影响概念教学的效果。引入新概念一般有以下途径：①从实物、模明、实例引出概念；②在学生已有的知识基础上引入概念。当所要学习的概念比较抽象，不便于提供具体实例或不能直接感知具体实例时常用这种方法。

第二，概念的讲解。从本质上来看，概念的引入主要是帮助学生建立对概念的感性认识。而概念的讲解主要是帮助学生建立对概念的理性认识。为此，教师在组织学生对实物、模型等感性材料进行观察的基础上，要进一步引导学生进行分析、比较，揭示概念的内涵与外延，最后还要概括得出概念的表达式（语言的或符号的）。

第三，概念的巩固。学生理解了概念，不等于掌握了概念。为此，教师必须通过多种多样的途径，引导学生不断复习已学过的概念，发挥概念对学习其他知识的指导作用。一般采用以新带旧、温故知新、新旧概念对比等方式来巩固概念；也可以在适当的时候引导学生把概念进行整理、归类，帮助学生将概念体系系统化、条理化，从而巩固概念，如讲完正方形的概念之后，可以把正方形和长方形、菱形、平行四边形联系起来，使学生认识到它们之间的逻辑关系。

二、核心素养下初中数学概念教学的模式

（一）具体—归纳式

具体—归纳式的步骤安排如下。

第一阶段：呈现资料。教师向学生呈现的资料是一些要讲授的概念的正例或反例。教师在呈现资料的同时告诉学生：这些例子都是针对某一概念，它们都含有一些共同的特点，其任务就是提出一系列关于这个概念的假设，最终找出这个概念。

第二阶段：（学生）发现给定概念的特性，（教师）引入表示这个概念的术语。

第三阶段：选出给定概念的本质属性，并叙述这个概念的定义。

第四阶段：通过具体例子说明概念。

（二）抽象—演绎式

"在讲授与学生学过的概念存在联系的概念时，常采用抽象—演绎的方法。"[①] 抽象—演绎式的步骤安排如下。

第一阶段：给出新概念的定义。教师用下定义的方式直接引入所讲授的概念，并对术语、名称、符号给予详细的解释。

第二阶段：对这个概念进行分类，再讨论这个概念表达的各种特殊情况。

第三阶段：用具体的例子说明所引入的概念的本质特征。

第四阶段：举出应用这个概念的具体例子。

第二节　核心素养下初中数学错题的管理实践

学生在教师的指导下，可以正确看待学习过程中的错题，并采取科学的方式，搜集、整理、分析、归纳、总结、交流、分享错题，从而实现对错题价

---

① 谢明初，彭上观．数学微格教学教程[M]．广州：广东高等教育出版社，2017：142.

值的最大利用，使得学生掌握数学知识、提高数学能力、培养数学品格。错题管理工作的开展不仅要按照规范的方法执行，在具体的管理工作开展中，也要注意策略与方法的运用。本书将错题管理的过程分为学生在教师指导下，对错题管理持有的态度、在错题管理时采取的行为以及进行错题管理时采取的策略。

一、核心素养下初中数学错题管理的重要性

初中阶段至关重要，学生数学学习习惯及数学学习兴趣的养成主要是在初中阶段完成的。初中阶段对于后续的学习来讲至关重要，它能够帮助学生打下更好的数学基础。初中数学不仅可以为后续的数学学习打下基础，也能够为其他学科的学习，如物理、化学、生物学习打好基础。所以综合来看，数学学习至关重要。

如果学生在练习数学习题的过程中经常做错题，那么学生的数学学习效率将会受到不良影响。无论是教师还是学生都应该从数学错题的角度入手分析错题的价值，利用错题巩固知识。数学教师应该有针对性地指导学生，让学生意识到错题有哪些重要价值，让学生可以科学且合理地使用错题、管理错题。借助数学错题，学生可以分析自己出现错误的原因，并且纠正自己大脑中错误的数学认知，不断地完善数学知识系统、知识架构。在修改错题、理解错题的过程中，学生的数学核心素养会有所提升，也会形成更好的数学学习习惯。

二、核心素养下初中数学错题管理的培养策略

（一）学校层面的培养策略

1. 转变教学理念，提升核心素养

学校应该转变与创新数学教学理念，不能仅仅关注学生的成绩，还要关注学生的学科素养。在错题管理方面，教师除了要注重错题管理数量之外，也要注重数学错题的管理质量。学校应该定期对数学教师进行培训，让数学教师掌握正确的错题管理方法，积累开展错题管理活动的相关经验，这样错题管理教学才能取得更好的效果。

学校还应该关注学生数学核心素养的培养，"在新课程背景下，核心素养的培养是提升数学学习成绩的有效方式，而在初中义务教育阶段，数学课程通常可分为计算、应用两大部分"①。因此，学校应该专门针对数学错题管理建立评价机制。评价机制可以对当下数学错题管理情况给予反馈，教师可以根据反馈信息改进和优化错题管理方法。

由此可见，"初中数学的有效学习对提高学生整体成绩起着非常重要的作用"②，教师应该根据学生的数学成绩对学生进行针对性的管理和辅导，教师应该选择适合学生的学习策略，帮助学生有效率地纠正错题，了解错题形成的原因，帮助学生提升学习成绩。与此同时，数学教师还应该注重提升学生的数学素养，借助不同类型的数学错题培养学生的抽象能力、逻辑推理能力、运算能力及空间想象能力。学生也可以借助错题练习提升自己的数学综合能力，尤其是可以着重根据错题去练习自己不熟练的数学知识，这样的针对性学习可以获得最好的学习效果。

2. 开设专业课程，有效管理错题

学校要开设相应的错题指导课程，根据学校的教学任务，因情况而设定课程的次数，可以一周进行 2 ~ 3 次，具体的上课时间是相对灵活的，关键是要教给学生科学有效的错题管理方法与技巧。它分为理论与实践两个部分，首先向学生讲清楚管理的理论部分，这样可以对学生的困惑有所指点，并选择有效的方式向学生指出错题管理的重大意义，使得学生可以在学习过程中愿意去做这样的一件事，并能持之以恒，坚持下去；然后要营造共同关注错题、反思错题的氛围，让学生亲身实践，针对出现的疑问进行解读，这样可以实现有效管理。

学校重视错题管理，要让学生"学会、学懂、学透彻"错题，并能关注错题管理以及积极参与其中。学校设置错题指导课程，并要针对课程怎么组织、实施、评价给予参考性建议，采取分组教学，通过组内异质、组间同质的分组方法，把学生分成学习能力可以互补的学习小组。要区别于一般的课程，错题

---

① 韩建英. 初中数学学科学习中核心素养能力培养 [J]. 新教育时代电子杂志（教师版），2018（39）：75.

② 郝华. 初中数学错题管理及其策略研究 [J]. 教师，2018（17）：54.

指导课程更多地强调要激发学生的好奇心，调动学生的积极性、主动性，教师只是负责提供专业教学，剩下的具体实践要交给学生，这样学生才会切实体会到错题管理的真正实施过程，并在其间得到反馈。

反馈评价既有学生与学生之间的评价，也有教师与学生间的评价，这样做的目的是了解学生的具体情况，并改进学生的错题管理。课程目的是要通过对学生的指导，使得学生始终能以积极的态度对待错题管理，并提高错题的利用效率，对错题能够搜集、存档、分类、整理、交流，取得错题管理的良好效果。

（二）教师层面的培养策略

1. 重视错题管理

第一，规整反馈，帮助学生建立数学错题档案。数学教师应该向学生强调错题整理、错题收集的重要性，与此同时，数学教师应该引导学生整理错题。错题主要来源于学生的日常数学练习、数学作业以及数学考试，对错题进行整理时，学生可以分析错题出现的原因，教师也可以通过学生的数学错题来分析自己的数学教学讲解是否存在问题，如是否存在知识点讲解过快或知识点讲解不细致的问题。在学生将错题整理到错题本上之后，教师应该及时批阅错题本，判断学生是否还存在不理解的数学问题。批阅之后，教师也可以在接下来开展数学教学时有针对性地改进教学问题。数学教师在批改学生错题的时候，应该给予学生一定的鼓励，使学生更认真地对待数学错题，激发学生的主动性和积极性。

数学教师在规整和反馈数学错题时，应该帮助学生建立错题档案。错题档案应该包括学生普遍存在的共性问题，也应该包括个别学生的个性问题。错题档案当中还应该记录学生出现数学错误的具体情况、具体原因及该问题出现的频率，这样，数学教师才能对学生的数学错误问题有整体性、系统性的了解，才能逐个击破学生数学学习中的问题，加强学生对错误知识的理解。

教师可以在工作空余时间与学生进行错题方面的交流，帮助学生找到数学题目做错的原因，解答学生的困惑。这种针对性的交流或沟通可以更好地引导学生，也能够让数学教学效率有所提升。在教师的引领和带动下，学生也会有更大的主动性改正错题。

第二，引导迁移，在合适的时机讲解错题。数学教师在讲解错题时应该选择适当的时间。举例来说，数学教师可以专门指出学生容易出错的知识点，让学生认真思考，观察学生对该知识点的反应，分析学生能否主动找出错误。教师在引导学生主动寻找错误时，可以让学生对错误有更深刻的认知，这有助于学生在后续的学习中避免错误的出现。数学教学过程中，教师不能回避学生在学习过程中显现出来的错误。相反，教师必须正视学生的错误，并且帮助学生解决错误。只有数学学习错误得到解决，数学学习效果才会提升，学生的数学综合素养、综合能力才会提升。

第三，规范内化，以更大的力度监督学生的错题改正情况。并不是所有的学生都会有强烈的自学意识，都能严格约束自身的行为。一般情况下，学生需要按照教师提出的要求才能完成相关的学习任务，所以，教师必须对学生进行严格的监督，检查学生的错题完成情况。教师应该以固定的周期频率对学生的错题本完成情况进行检查，在检查的过程中，教师也可以了解学生有哪些错题，遇到了哪些困惑，有针对性地帮助学生。教师为了激发学生的积极性，也可以举办一些与错题有关的活动，评选错题整理最规范的学生，对做得优秀的学生给予表扬，发放礼品；对整理的不规范的学生也应该进行适度的批评。与此同时，教师也可以让优秀的学生和相对较差的学生合作组成学习小组，互帮互助，以此来实现共同提升、共同进步。学生之间的彼此帮助、彼此监督可以有效地减轻教师的工作负担，也能够培养学生的学习意识、主动意识、自律意识。教师在进行错题监督、错题管理的过程中，要考虑到不同学生之间的差异。通常情况下，男生没有女生细心，所以，教师要更重视男生的错题改正情况。

2.科学有效地指导学生错题管理

（1）端正错题管理态度，重拾学生信心

初一的学生思维由形象具体思维向抽象逻辑思维发展，他们更多地倾向于之前的学习方式方法，对初一的部分数学知识不能很好地理解并应用，在遇到一些比较抽象、晦涩难懂的题目时，难免会出错。出现错题是不可避免的，关键是要能正确地看待错题，对错题加以有效利用、整理、归纳、总结。

教师在指导学生进行错题管理时，要端正学生的态度，不能为了应付教师、应付考试而管理错题，要发自内心地认可错题管理，从而主动地去挖掘错题的价值，为学习所用。有些学生在进行错题管理一段时间后发现并没有成效，于是失去了继续下去的动力，这时，教师要给予精神方面的鼓舞，因为错题管理要想取得成效，是需要时间的，这样让学生有一个对错题管理的良好认知，从而重拾错题管理的信心。

（2）完善、创新错题管理方法，注重学生思维能力的培养与提升

当下，数学错题管理使用的方法相对单一，通常情况下，教师会要求学生在错题当中记录错题并且解决错题。单一的方式不利于学生思维能力的提升，所以，教师应该创新错题管理方法。首先，引导学生从多个渠道入手寻找错题，比如，让学生从课后作业、数学考试、课堂练习中寻找错题，同时，还要向学生强调收集各种错题，无论是困难的错题，还是简单的错题，都不应该遗漏。其次，教师要指导学生使用正确的错题整理方法，数学错题可以按照不同的类别进行整理，也可以按照知识所属模块进行整理，除此之外，也可以根据错误出现的原因进行整理，当然学生也可以结合自己的学习习惯或喜好选择最适合的方式。如果在整理错题的过程中，学生发现自己在某一种类型的题上经常出错，那么应该给予特殊关注，并且深层次地分析错误出现的原因。最后，教师应该引导学生练习和错题相同类型的题目，相同类型题目的练习有助于学生总结题目规律，开始时教师可以直接为学生设置习题，当学生熟悉之后，教师可以让学生主动寻找类似题型，教师只需要检查学生自主寻找的相似题型是否和错误题型类似即可。

（3）引导学生对错题进行反思，让学生形成更强的创新能力

数学教师在讲解数学知识以及数学技能的过程中，如果学生没有认真听课，没有将知识和技能吸收理解，那么课堂学习也不会获得好的效果，也无法发挥作用。现在的教育强调把学生当成学习主体，错题讲解也一样，教师应该为学生提供适合其学习的情境，然后联系学生的日常生活，让学生对题目的含义有深层次的理解，这样，学生才能将注意力放在习题上，才能对习题展开深层次的思考，才能掌握正确的学习思路。

无论对个人来讲，还是对社会发展来讲，创新都是至关重要的。创新可以帮助个体提升自身能力，创新也可以让社会发展获得更大的效益。学习也要注重创新意识的培养、创新能力的养成。在数学错题管理过程中，教师也应该培养学生的创新意识，让学生在解题的时候探寻多个解题思路，让学生在纠正原有错题的基础上寻找其他的解题方式，或者让学生对原有题目进行改进创新，编写出全新形式的题目，然后再次进行解答。教师也可以鼓励学生将改写之后的数学题目和他人分享，这样可以实现学生整体的进步。

（三）学生层面的培养策略

1. 完善错题管理态度

由之前的研究可以得出，大部分学生对错题管理的态度还是合理的，能采取较为积极的态度去看待。为了纠正少数学生的态度，以及保持多数学生的现有态度，学生需要完善对待错题管理的态度。

学生要肯定错题管理的价值，通过错题管理，学生实现了自我监控，并对数学知识进行了内化。之前在课堂上教师对错题进行讲解，并做出要求，这其实是把管理的主动权交给了教师，真正的错题管理应该是学生自发地、积极地管理，不断监控自己的问题，并针对其进行补救，这样学生真正对知识进行了同化，并使得知识成为自己的一部分。

学生出于对自身的学习考虑，认真看待错题管理，不受外界因素干扰，专心研究自己的错题，并进行错题整理、分析、总结、分享、交流、创造，这样保持下去，完善了学生的错题管理态度。

学生完善自身对错题管理的态度，保持积极的态度，认真管理错题，触发数学思考，对所学习的知识进行更深一步的解读，锻炼了学生的数学能力，也会锻炼学生的思维，增强了思维的灵活性，有利于数学核心素养的生成。

2. 养成错题管理习惯

错题管理工作的开展并不能够马上获得效果反馈，通常情况下，教师需要在指导学生一段时间之后才能获得错题管理效果的反馈。当学生按照教师的要求进行错题管理时，学生会慢慢地感觉到自己的数学学习效果有所提升，这时，学生会形成更强的信心，学生也会逐渐开始不依赖教师的监督和管理，主动进行错题整理。可以说，在整理错题的过程中，学生养成了错题整理习惯，也形成了更强的自主学习能力。

当学生在整理错题的过程中发现了错题的价值时，学生也会更主动地参与错题整理，并且将自己的一部分学习时间用于错题收集、错题分析及错题改写等活动。学生在参与错题管理时，会发现错题整理并不是简单地对错题进行摘抄，而是要分析错误出现的原因，并且有针对性地进行改正。这样的过程有助于学生对知识形成本质性理解，有助于学生更牢固地掌握知识。

3. 掌握错题管理方法

错题管理需要使用科学的管理策略。学生应该根据教师的指导使用错题本，与此同时，学生也可以建立网络版本的错题本，使用有关 APP 记录错题。在教师的指导之下，学生也可以结合自己的学习方法、学习习惯，再配合使用其他的错题管理方法。

（1）摘抄原题

整理错题的时候需要先把原题摘抄下来，如果在抄的过程中学生发现题目太长或自己的错题数量过多，那么学生可以直接将原来的错题裁剪下来，这样可以帮助学生节约时间。

（2）分析错题产生的原因

数学错题整理最重要的一点就是分析原因，分析原因不是简单地寻找主观原因，如粗心或不理解，而是要探索深层次的原因。在错题整理的过程中，学生要回顾自己的做题步骤，分析哪里出现了问题。此外，学生也可以将题目划分成不同的类型，然后专门探讨某一种类型出现错误的原因。通常情况下，学生可能会因为知识记忆不清楚、题目理解错误、计算错误或解题方法错误等原因做错题目。

（3）纠正错题

学生需要在摘抄的错题下面正确地将习题解答出来，解答的过程中应该详细书写解答步骤。错题摘抄和错题解答最好使用不同颜色的笔，这样可以让错题本的层次更清晰，也有利于学生后续使用错题本进行复习。错题本中两种颜色的笔记可以提示学生哪些问题出现了错误。学生重新修改错题时，会对题目进行一次全新的解读，在重复理解、持续修正的过程中，学生的数学运算能力、数学想象能力、数学推理能力、逻辑思考能力、抽象能力都会有一定程度的提升。

（4）分类整理

对错题进行整理可以让学生有效利用学习资源，可以让错题变成学生能力提升的保障。错题如果是混乱的，那么不利于学生系统性、清晰地整理知识。所以，学生需要对错题进行分类整理，找出某一种习题经常出错的原因，这样有助于提升学生的学习效果。学生在购买错题本时，最好选取活页的错题本，这样学生可以将其中某一页的错题随时摘取下来，将同一种类型的习题放在一起。

（5）复习题型

错题整理完毕，并不代表结束。错题整理完成之后，学生还要定时复习，这样才能牢固地记住知识，学生可以按照自己的数学学习规划来设置具体的复习时间。

（6）重点备注错题

订正之后，可能还会出现一些细微问题。如果教师在翻阅学生的错题本时，发现学生的问题纠正存在细微问题，那么教师应该及时指出，并且备注清楚哪里有问题，这有助于学生及时纠正。

4. 错题管理后的深思

在错题整理的过程中，学生除了了解教师讲授的方法之外，也要分析错题出现的具体原因、内部原因。学生整理数学错题是对数学错题进行更深层次的领悟，这有助于学生积累数学学习经验，有助于学生全身心地投入数学学习活动。学生的积极投入可以让错题整理发挥出更大的作用。

学生在分析错题、管理错题的过程中，可以了解自己在数学知识学习方面存在哪些漏洞，存在哪些错误理解之处。通过分析错题，学生可以清晰地了解自己的数学水平。在学生对自我学习有清晰的认知之后，学生可以有针对性地采取方法解决问题。学生学习不同类型的数学题目时，使用的数学方法是不同的。举例来说，几何图形问题通常情况下更适合运用数形结合方法来处理，代数问题通常需要分类讨论。错题整理过程是相对漫长的，不完善的地方需要一点一点地优化完善，所以，学生需要坚持，这样才能取得进步，才能提升能力、拓展思维。

　　错题管理可以充分地利用错题资源，让错题资源发挥最大的作用，学生也可以在利用错题资源的过程中优化做题方法，进而实现自身的数学成绩、数学学习效率的提升。学生分析数学题目时，需要使用发展的眼光去看待，不能仅仅认为题目处理完成即可，还需要对错题展开深入思考，而且需要定期坚持对错题进行反思，这样才能保证后续做题过程中不会出现相同的错误。

第三节　核心素养下初中数学发展性作业的优化

　　发展性数学作业具有发展性的特质，相对多样开放而不是封闭模式，它的开放性在于目标的多样（更加注重学生全面发展所达到的素质要求和适应社会具有的合作交流能力）、作业类型的多样（探究、开放、实践）、作业内容的多样（贴近生活、贴近社会）、作业评价方式的多样（自评、他评）。因此，教师需要根据实际的教育需求和学生的学习特点来进行各项教育活动的展开，其中对学生课下作业的布置，教师需要以一种巧妙的方式引导学生进行主动学习。在这一过程中，"教师需要为学生布置发展性的作业，引导学生从多种思考角度出发来进行课堂内容的复习与巩固"①。

一、核心素养下初中数学发展性作业的设计方案

（一）明确作业的目标

　　作业是教学中不可或缺的基本环节，是学生巩固知识和教师检验学生掌握知识程度的重要方式，但同时也极易被学生和教师忽视它的重要性。无论是在教学还是布置作业上，都需要遵循一定的目标，作业是对知识点的连接和检验，

---

① 刘孝瑛.初中数学发展性作业的实践与思考[J].数理天地（初中版），2022（24）：45.

也是对教学的补充和延伸，是为教学后续正常进行而服务的，作业目标犹如旗杆，具有指引教师更好地完成教学的作用。基于数学核心素养视域下的作业目标有：①具备数学抽象能力，从客观世界中得到数学概念；②具有数学推理，从未知现象着手，剖析问题；③数学建模，将抽象知识生活化、具体化；④发散数学思维，扩展学生思想空间；⑤了解数学价值。

（二）遵循作业的原则

在设计作业时需要考虑多个方面的因素，遵循多个方面的原则，在本课题中可以将作业设计原则分为以下三个方面。

1. 与学习目标一致的原则

教师的教学目标和学生的学习目标应实现有机统一，这样才能真正提高学生的学习效果。在学生学习的过程中，学习目标主要呈现出以下两个特点。

（1）学习目标的细化

首先，当前学生的学习内容涵盖了多个方面，涉及了多个学科和领域，因此，单一的笼统目标无法真正发挥出其在学习中的重要指导作用，所以就要根据学习阶段、学习的内容、学习的方式等不断细化目标；其次，学习是一个需要长期坚持才能取得成果的过程，所以学习总目标的实现必须要"一步一个脚印"才能真正获得，所以通过将大目标细化成一个个小目标，给予学生一定的挑战性和成就感，不断地激发出学生的学习积极性，推动学生在击破每一个小的学习目标的过程中发现新的学习动机。

（2）学习目标的阶段性特征

根据学习总目标的预期完成时间，可大致划分为近期、中期，以及远期目标。近期目标一般是指学生在近几周或一个月的时间内所需要实现的学习目标，该目标设置的目的一方面是为了避免学生因为学习总目标过大而在学习初期就产生抗拒心理，另一方面也是检验当前所应用的教学模式是否适合学生的有效途径，一旦发现问题还存在及时修改和完善的时间，保证学习总目标按时实现。中期目标并不设置明确的实现期限，其设置的目的在于学生能够在掌握数学知识点的基础上，实现多种学习能力的提升，如数学思维、逻辑推理、运算能力等。远期目标其实就是学习总目标，是教师安排教学工作、学生进行学习活动的核心指引。

2. 与学习内容一致的原则

教师在布置作业时，应秉持作业的内容难度与课堂的教学内容基本一致的理念，另外可增加一些拓展题目，给予学生一定的学习挑战性，同时这也是培养学生数学思维、数学能力的有效途径。此外，教师要明确课后作业在学生学习中的重要作用，所以要谨慎布置作业。布置作业首先要实现的目的是帮助学生巩固当日所学的知识，加深学生对知识的理解和印象；其次才是通过作业内容帮助和引导学生进一步拓展思维。

3. 与学习水平一致的原则

在作业设计上可采取以下措施。

（1）分层作业

教师可根据不同学生的学习情况分别设置不同难度的作业，这样既能形成具有针对性的教学效果，又能真正将"因材施教"这一教育理念融入现实的教学实践中。对于基础较为薄弱的学生来说，教师布置的作业内容重点应集中在帮助学生梳理知识点，通过多种题目进一步帮助学生理解知识点，从而使这类学生能够跟上每天的学习进度。对于数学基础不错的学生来说，教师布置的内容就不能将重点只放在夯实基础这一方面，而是要另外设置一些能够进一步激发学生学习积极性的题目，让学生的解题思维得到拓展。

（2）自主作业

这类作业是指教师引导学生根据自身的学习情况和学习目标自行设置自己的作业内容，教师可设置作业的类型和题量标准，具体的作业内容可由学生或学习小组自主设计。而且学生之间、学习小组之间也可以将自己设计的作业进行交流、传阅、评价、修改等，这种方式不仅能够让学生自发地交流和思考已学的知识，还能进一步拉近学生之间的关系，从而提高学生的合作和语言表达能力。

（三）布置作业的类型

教师在布置数学作业之前，要结合学生的两种发展水平作为作业内容设置的主要参考。一是学生当前已有的数学知识水平，教师设置的作业内容难度如果低于或远高于学生当前的数学能力，那么就无法达到布置作业的目的，学生也不会有所收获。二是学生的能力和学习兴趣，这是指教师能够灵活地设置一些不会引发学生产生抗拒心理，同时具备一定挑战性的作业，这些作业既包含一定的数据基础知识，而且可以提升学生的综合能力。

（四）作业改评多元化

丰富作业批改的方式能够最大限度地发挥出作业对提升学生学习效果的积极作用。从目前收集到的问卷调查数据和访谈记录中可以看出，大多数学校目前依然采用教师亲自批改作业的方式，这种批改方式往往只是给予学生一个题目对错的客观反馈，而且还具备一定的滞后性，学生无法及时通过作业批改结果进行查漏补缺。另外，由于教师的精力和时间相对有限，精心设计每一天的作业内容和形式的可操作性较低。

第一，同学或学习伙伴之间互相批改作业。目前在我国的初中学校里，几乎每个学生都会有一个同桌，而科学的研究结果也表明一个人的行为习惯一般会受到与自己关系密切或接触较多的人的影响，所以同桌之间建立起互相学习、互相帮助、相互督促、共同进步的学习关系，对于每一个学生个体的学习效果都能起到重要的推动作用，因此，一些作业内容较少或是需要当堂批改的内容通过同桌互批的方式不仅效率高，还减轻了教师的教学压力。

第二，学习小组批改。这种批改方式的优势在于批改的标准更统一，由小组组长批改组员的数学作业，再由数学课代表批改班级里小组组长的数学作业，而教师只需批改数学课代表的作业即可。该方式一方面减轻了教师批改学生作业的压力，让教师有更多的时间和精力放在设置多样化的作业内容、教学模式等方面，另一方面，小组长和课代表也会在批改同学的作业过程中进一步加深对知识的理解，是一种极有效的知识巩固方法，而且小组组员也会收到相对详细的作业反馈和修改意见。

第三，由学生家长进行批改。该批改方式一般用在一些数学实践类的作业里，需要家长进行监督或提供相关帮助，最终的作业完成情况需要家长进行检查，在这一过程中家长对孩子的学习情况有所了解，而且这也是教师和家长针对学生的学习情况保持良好沟通的有效途径。

（五）作业的高效管理

学生的作业具备很高的教研价值，教师和学生都不应在作业完成后就置之不理。对教师来说，学生的作业结果是学生学习情况的最直观的反馈，可作为教师下一步教学计划的重要参考；对学生来说，作业结果能够清晰地体现自己的薄弱部分，进而有针对性地查漏补缺。

二、核心素养下初中数学发展性作业优化的建议

第一，进一步丰富作业形式。在传统的教学过程中，作业一般都是纸质习题，这种方式虽然方便布置和批改，但并未充分发挥出作业的教育价值。当前，教师可创新多种作业形式，如实验类、探究类、小组合作类的开放性作业形式。

第二，推动作业内容生活化发展。数学是一门重要的基础性学科，对人们的生活有着巨大的影响。数学作业内容生活化，可以使学生主动将数学思维、数学知识应用到日常生活中，从而解决实际问题。

第三，加深同学之间的合作交流，学生通过互相交流数学知识、数学学习体验能够达到相互促进、相互学习的教学效果，而且不同思维的碰撞必然会迸发出新的火花，从而提高学生的数学创造性思维。

第四节　核心素养下初中数学文化教学实践研究

数学文化的内涵是指数学的思想、精神、方法、观点，以及它们的形成和发展，其核心是理性精神。数学文化还应包含数学家、数学史、数学美、数学教育、数学发展中的人文成分，数学与社会的联系，数学与各种文化的关系等。可见，数学文化不是"数学"与"文化"的简单叠加，而是以"数学"学科为中心的数学观念、价值与能力、素养等的集成。

数学文化与我国优秀的传统文化相得益彰，具有重要的文化传承和教育价值。数学课堂教学中通过传授数学知识、探究数学问题可以提升学生的理性思

维能力，发展批判性思维，培养学生的数学意识和审美意识；通过数学文化观念、价值的孕育和渗透，可有效提高学生的精神品格、人文素养，有利于形成良好的数学观、科学观和世界观。

一、核心素养下初中数学文化的融入

第一，既重"数学"，又重"文化"。数学教学应做到"知识"与"文化"并重。"学习数学知识，获取普遍结论与方法，是不断抽象、建模的过程，是不断求知、推理发现的过程，更是发挥空间想象、形成数学直观的过程"[①]。不仅可以培养数学核心素养中的关键能力，还可通过穿插渗透数学文化内容，培养学生的精神品格，传播文化的价值观念。例如，介绍数学家发现问题、探究真理的故事，培养学生坚持不懈的意志品质；把数学文化和数学知识的发生发展联系起来，了解数学的来龙去脉以及数学家探索创造的动机、过程有利于学生涵养质疑、创新的理性精神、探索精神等。

第二，注重感悟，长期渗透。在数学教育教学中，文化感悟、文化孕育、文化滋养更重于知识学习。长期渗透，润物无声，才能将数学文化的观念、价值等内化为学生个体的精神品格，外显为良好的行为习惯，逐渐成为融于身心的、较为稳定的气质、素养或文化修养。现行数学教材和数学文化丛书，都有关于数学家的人物轶事、数学知识的发展演变，以及数学知识在自然与社会中的应用等内容。通过渗透数学文化，可以帮助学生体会数学在人类文明发展进程中的文化价值、科学价值和应用价值，激发学习数学的兴趣，初步形成正确的数学观，感受数学家治学的严谨，欣赏数学的优美等。

第三，注重实践，引导"再创造"。有效发展学生的数学核心素养，需要引导学生经历数学知识的产生、发展过程，丰富实践经验，增强文化体验，才能实现数学文化的有效渗透。学生个体的知识探索过程与历史上数学知识的发展过程有着一定的相似性。因此，教师可灵活使用教材和相关资料中的历史文化知识，突出文化的传承和再创造，开展创造性的课堂教学，为学生提供丰富

---

① 江义玲，张泽庆，张春莉.核心素养视域下的数学文化课堂教学探析[J].教育视界，2020（17）：10.

的文化素材、具有适当挑战性的探究性问题和必要的点拨，营造文化氛围浓郁的自由学习环境，引导他们开展探索、合作，学会思辨、研讨，使他们经历数学知识的再创造过程，使课堂教学成为传承数学文化的主要场所。

二、核心素养下初中数学文化教学实践的路径

第一，创设文化情境，丰富数学背景。数学文化的内涵远比单纯的数学知识丰富多彩。数学文化涉猎范围更广，与科学技术、人文艺术多学科交融，因而，教学中渗透数学文化可以更好地体现数学的价值，凸显其在课程体系中的整体作用和地位，并把数学知识与学生的整体认识相联系，置于广阔的文化背景中。有效渗透数学文化的课堂教学，倡导把数学知识学习、数学探究创造过程和原始、多样的文化情境广泛联系起来，让数学知识变得鲜活多样，富有生命力，激活学生的求知欲，拓宽视野，启迪思维，发展整体意识，唤起美好情感，感受学习乐趣。

第二，引导自主探究，增强活动体验。自主探究是新课程理念所提倡的一种学习方式，也是数学文化教学的重要途径。它要求学生在教师的引导下发挥主观能动性，调动各种感觉器官，增强活动体验，主动获取知识，感悟数学文化，从而丰富、滋养自己的精神世界。在课堂教学中，教师要将数学文化融入学生自主探究的过程，让学生动手操作的对象成为数学文化的载体。在不断地发现问题、提出问题、分析问题和解决问题的过程中，学生感受数学知识发生、发展的过程，经历数学文化之旅。

第三，借助经典问题，切实提升素养。数学发展是不断发现问题、探究问题、分析和解决问题的过程，数学史上那些意味深长、引人探究的经典问题，正是推动数学进步的最强大的动力。通过对这些问题的引用、创编、拓展，引导学生深入探究、批判性思考，启发、培养学生的问题意识和创新意识，培养不屈不挠、克服困难的顽强意志，使其获得数学"再创造"的经历和体验，无形中切实有效地提升了核心素养。

第四，利用社会力量，拓展数学资源。数学文化具有很强的社会属性，核心素养也要求"社会参与"。数学文化的学习将在数学学科知识和不同的文化

之间、个人与社会之间搭建起桥梁，学生的知识结构不再是片面和孤立的，而是整体的、联系的、丰富的。通过课外阅读、查阅资料、参观游览、社会实践等，拓展教学资源，把学习空间延伸到校外或亲子活动中，让学生进一步了解数学知识的演变过程，体会数学与社会生活、科技人文等方面的广泛联系，从而感悟"数学文化"中蕴含的人文价值和数学精神。

参考文献

[1] 曹才翰，章建跃. 数学教育心理学（第二版）[M]. 北京：北京师范大学出版社，2006.

[2] 曹培英. 从学科核心素养与学科育人价值看数学基本思想 [J]. 课程. 教材. 教法，2015，35（9）：40-43+48.

[3] 陈岩. 探析支架式教学模式在初中数学教学中的应用 [J]. 理科考试研究，2016，23（20）：54.

[4] 陈兆国. 核心素养视域下初中数学教学研究 [M]. 沈阳：辽海出版社，2019.

[5] 崔月华. 教师的职业道德与职业能力 [J]. 辽宁教育研究，2004（11）：91.

[6] 戈力. 混合式学习在初中数学课堂教学的应用策略 [J]. 数学学习与研究，2021（17）：2.

[7] 韩炳秀. 核心素养下的课堂教学 [M]. 青岛：青岛海洋大学出版社，2018.

[8] 黄聚鸣. 浅谈初中数学核心素养的培养 [J]. 学周刊，2018（22）：28-29.

[9] 江义玲，张泽庆，张春莉. 核心素养视域下的数学文化课堂教学探析 [J]. 教育视界，2020（17）：10.

[10] 孔祥辉. 科学培养初中生数学核心素养模式探究 [J]. 科学咨询（教育科研），2018（7）：119.

[11] 李文茸. 聚焦学科核心素养的课堂教学 [M]. 上海：华东师范大学出版社，2018.

[12] 林志强 . 初中数学课堂中学生核心素养的培养策略 [J]. 教育教学论坛，2018（44）：249-250.

[13] 卢小强 . 初中数学微课的教学设计策略 [J]. 试题与研究，2018（26）：141.

[14] 逯顺兴 . 数学智慧课堂的导入艺术探究 [J]. 学周刊，2018（31）：41-42.

[15] 罗新兵，李三平，中学数学教师教学技能 [M]. 西安：陕西师范大学出版社，2012.

[16] 吕阳生 . 基于核心素养的初中数学教学探究 [J]. 课程教育研究，2018（38）：164-165.

[17] 马云鹏 . 关于数学核心素养的几个问题 [J]. 课程 . 教材 . 教法，2015，35（9）：36-39.

[18] 钱洲军 . 探路学科核心素养培养校本化 [M]. 宁波：宁波出版社，2019.

[19] 邱健平 . 核心素养视角下初中数学高效课堂构建策略探究 [J]. 华夏教师，2018（22）：49-50.

[20] 苏祖宙 . 初中数学教学在核心素养视域下的高效课堂构建 [J]. 数学学习与研究，2018（16）：42.

[21] 孙初丽 . 基于数学核心素养下的初中"问题情境"教学探究 [J]. 科学咨询（教育科研），2018（09）：10-12.

[22] 王红兵，卜以楼 . 生长过程——概念教学的本质标志 [J]. 中学数学教学参考，2017（20）：27-29.

[23] 王惠 . 核心素养下初中数学课堂教学检视及改进 [J]. 教学与管理，2018（16）：42-44.

[24] 王新兵 . 关于数学学习中的理解问题评述 [J]. 数学教育学报，2008（5）：94-97.

[25] 王艳芬 . 初中数学高效课堂教学方法探讨 [J]. 中国校外教育，2018（33）：147.

[26] 王战平 . 初中数学探究式教学模式研究 [J]. 林区教学，2011（9）：89.

[27] 魏锋.初中数学教学中培养学生学科核心素养的方法探讨 [J].读写算，2022（2）：122.

[28] 谢明初，彭上观.数学微格教学教程 [M].广州：广东高等教育出版社，2017.

[29] 徐秋东.数学课堂教学中的师生互动研究 [J].成才之路，2018（30）：88.

[30] 严端.核心素养视域下初中数学教学设计优化探析 [J].中学课程资源，2021，17（1）：52.

[31] 余芳芳，张红.基于核心素养理念下的初中数学课堂教学素材分类选用策略的研究 [J].中学数学杂志，2018（6）：17-19.

[32] 虞盈盈.核心素养在初中数学教学中的培养分析 [J].数学学习与研究，2018（17）：99.

[33] 张洁.初中数学核心素养的重要性及其培养途径探究 [J].数学学习与研究，2018（18）：127.

[34] 张宗龙.初中数学教学与管理研究 [M].北京 / 西安：世界图书出版公司，2017.

[35] 赵柳丝.基于深度学习的初中数学教学策略研究 [D].重庆：重庆师范大学，2020：24.

[36] 支瑶，王磊.高端备课：促进学生核心认识和关键能力发展 [J].人民教育，2015（19）：59-63.

[37] 周月玲，曾彩香，陈雪霞.初中数学翻转课堂教学模式研究 [M].长春：吉林人民出版社，2020.

[38] 朱立明.基于深化课程改革的数学核心素养体系构建 [J].中国教育学刊，2016（5）：76-80.